AF188974

Impressum
Verlag: BABADADA GmbH, Nedderfeld 112 , 22529 Hamburg
Geschäftsführer / Verlagsleitung: Harald Hof
Druck: Books on Demand GmbH, In de Tarpen 42, 22848 Norderstedt

Imprint
Publisher: BABADADA GmbH, Nedderfeld 112 , 22529 Hamburg, Germany
Managing Director / Publishing direction: Harald Hof
Print: Books on Demand GmbH, In de Tarpen 42, 22848 Norderstedt

məktəb
σχολείο

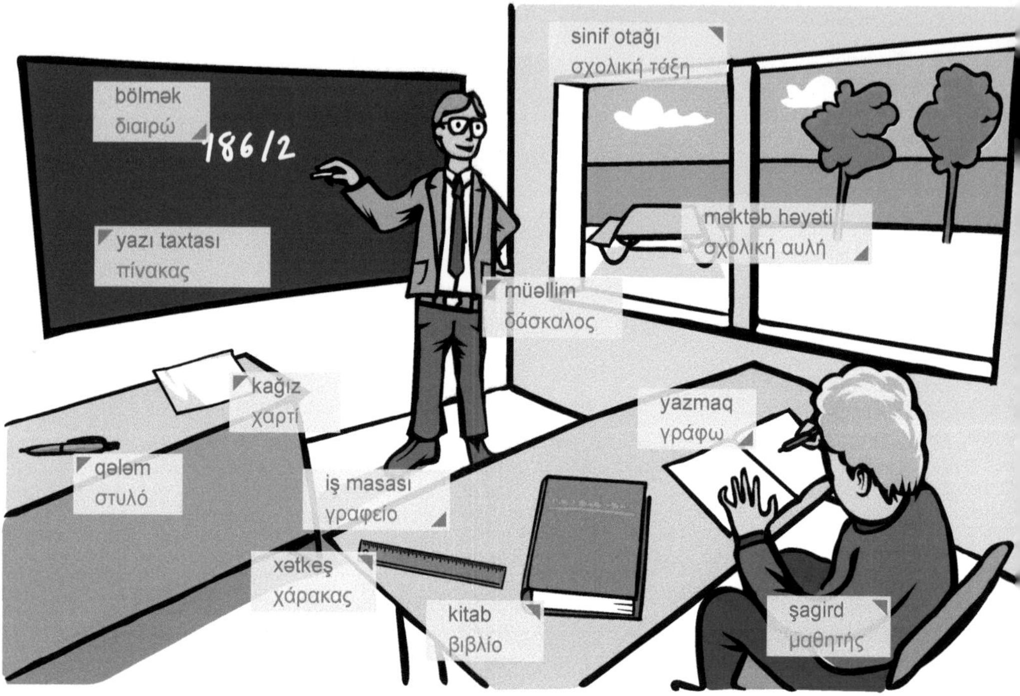

sinif otağı
σχολική τάξη
bölmək
διαιρώ
186/2
yazı taxtası
πίνακας
məktəb həyəti
σχολική αυλή
müəllim
δάσκαλος
kağız
χαρτί
yazmaq
γράφω
qələm
στυλό
iş masası
γραφείο
xətkeş
χάρακας
kitab
βιβλίο
şagird
μαθητής

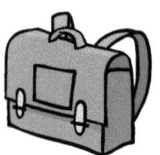

məktəbli çantası

σχολική τσάντα

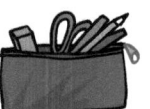

karandaş qabı

κασετίνα/ μολυβοθήκη

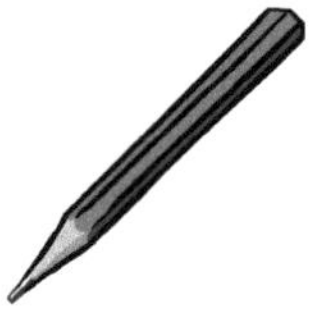

karandaş

μολύβι

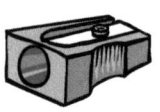

karandaş yonan

ξύστρα

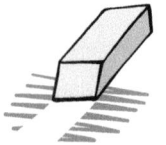

pozan

γόμα

rəsm albomu

μπλοκ ζωγραφικής

rəsm

ζωγραφική

boya fırçası

πινέλο

boya qutusu

κουτί χρωμάτων

qayçı

ψαλίδι

yapışdırıcı

κόλλα

dəftər

τετράδιο ασκήσεων

ev tapşırığı

εργασία για το σπίτι

say

αριθμός

əlavə etmək

προσθέτω

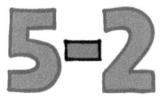

çıxmaq

αφαιρώ

vurmaq

πολλαπλασιάζω

hesablamaq

υπολογίζω

hərf

γράμμα

əlifba

αλφάβητο

söz

λέξη

mətn

κείμενο

oxumaq

διαβάζω

tabaşir

κιμωλία

dərs

μάθημα

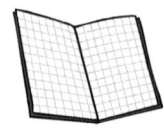

sinif jurnalı

εγγράφομαι

imtahan

τεστ

təhsil haqqında sənəd

πιστοποιητικό

məktəb uniforması

μαθητική στολή

təhsil

εκπαίδευση

ensiklopediya

εγκυκλοπαίδεια

universitet

πανεπιστήμιο

mikroskop

μικροσκόπιο

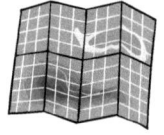

xəritə

χάρτης

zibil qutusu

καλάθι αχρήστων

səyahət
ταξίδι

mehmanxana
ξενοδοχείο
Grand
yataqxana
ξενώνας
ROOMS
CHANGE
valyuta mübadiləsi məntəqəsi
ανταλλακτήρια συναλλάγματος
çamadan
βαλίτσα
avtomobil
αυτοκίνητο

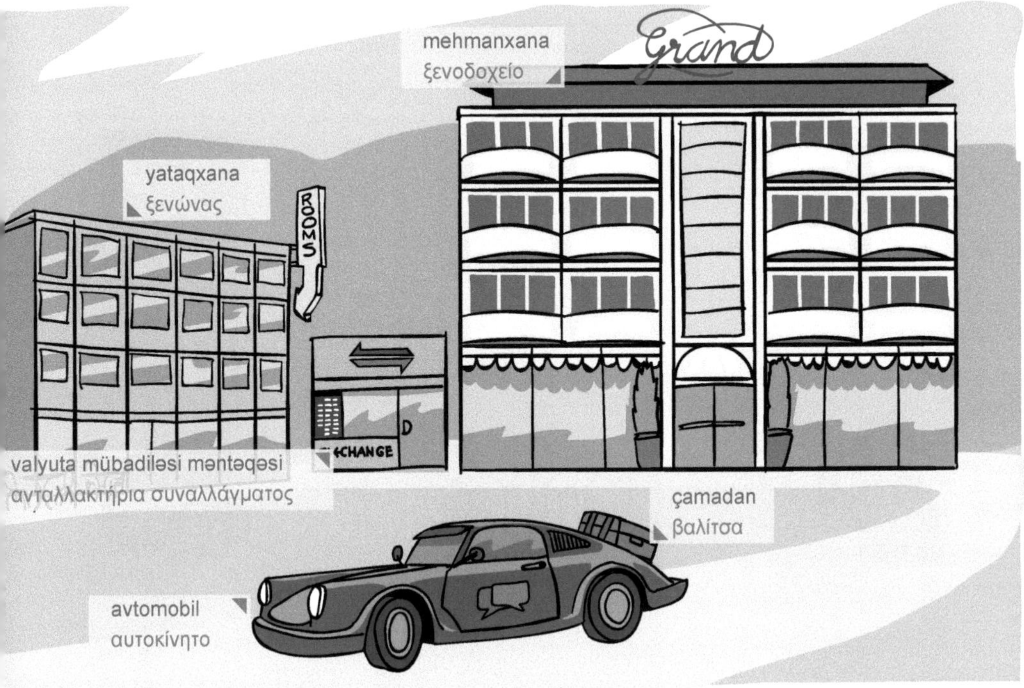

dil

γλώσσα

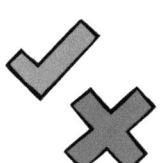

bəli/xeyr

ναι / όχι

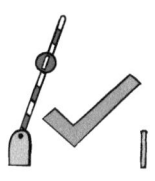

oldu

εντάξει

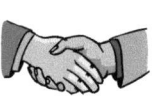

salam

γεια σου

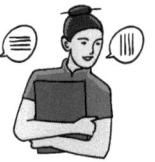

tərcüməçi

μεταφραστής

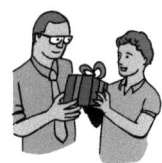

Təşəkkür edirəm

Ευχαριστώ

giyməti nə qədərdir ...?

πόσο κάνει ;

mən başa düşmürəm

Δε καταλαβαίνω

problem

πρόβλημα

Axşamınız xeyir!

Καλησπέρα!

Sabahınız xeyir!

Καλημέρα!

Gecəniz xeyrə galsin!

Καληνύχτα!

hələlik

Αντίο

istiqamət

κατεύθυνση

baqaj

αποσκευές

torba

τσάντα

kürək çantası

σακίδιο πλάτης

qonaq

καλεσμένος

otaq

δωμάτιο

yataq-çuval

υπνόσακος

çadır

σκηνή

turistlər üçün məlumat

τουριστικές πληροφορίες

çimərlik

παραλία

kredit kartı

πιστωτική κάρτα

səhər yeməyi

πρωινό

günorta yeməyi

μεσημεριανό

nahar yeməyi

δείπνο

bilet

εισιτήριο

lift

ανελκυστήρας

poçt markası

γραμματόσημο

sərhəd

σύνορα

gömrük

τελωνείο

səfirlik

πρεσβεία

viza

βίζα

pasport

διαβατήριο

səyahət - ταξίδι

nəqliyyat
μεταφορά

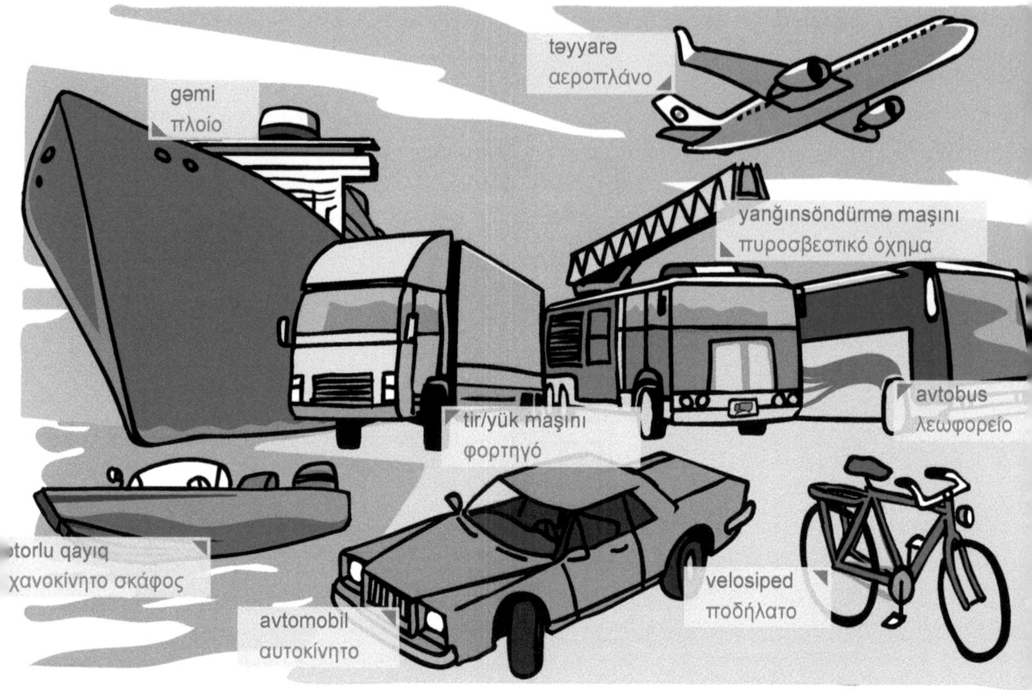

təyyarə
αεροπλάνο
gəmi
πλοίο
yanğınsöndürmə maşını
πυροσβεστικό όχημα
avtobus
λεωφορείο
tir/yük maşını
φορτηγό
torlu qayıq
χανοκίνητο σκάφος
velosiped
ποδήλατο
avtomobil
αυτοκίνητο

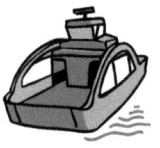

bərə
φεριμπότ

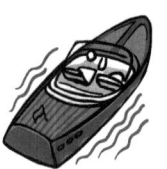

qayıq
βάρκα

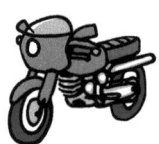

motosiklet
μοτοσικλέτα

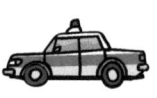

polis avtomobili
περιπολικό

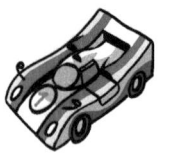

yarış avtomobili
αγωνιστικό αυτοκίνητο

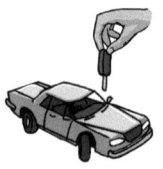

icarə avtomobili
ενοικιαζόμενο αυτοκίνητο

avtomobil icarəsi

ιαμοιρασμός αυτοκινήτων

texniki yardım maşını

γερανός

zibil maşını

απορριμματοφόρο

mühərrik

κινητήρας

yanacaq

καύσιμο

benzin doldurma məntəqəsi

βενζινάδικο

yol nişanı

πινακίδα σήμανσης

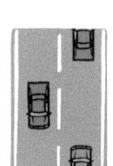

yol hərəkəti

κυκλοφορία

tıxac

κυκλοφοριακή συμφόρηση

avtomobil dayanacağı

χώρος στάθμευσης

dəmir yolu stansiyası

σιδηροδρομικός σταθμός

dəmiryol

σιδηροδρομικές γραμμές

qatar

τρένο

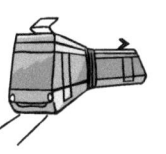

tramvay

τραμ

vaqon

βαγόνι

helikopter

ελικόπτερο

hava limanı

αεροδρόμιο

qüllə

πύργος

sərnişin

επιβάτης

konteyner

εμπορευματοκιβώτιο

karton qutu

χαρτοκιβώτιο

əl arabası

καρότσι

səbət

καλάθι

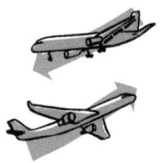

qalxmaq / enmək

απογειώνομαι /
προσγειόνομαι

şəhər

πόλη

kənd

χωριό

şəhər mərkəzi

κέντρο της πόλης

ev

σπίτι

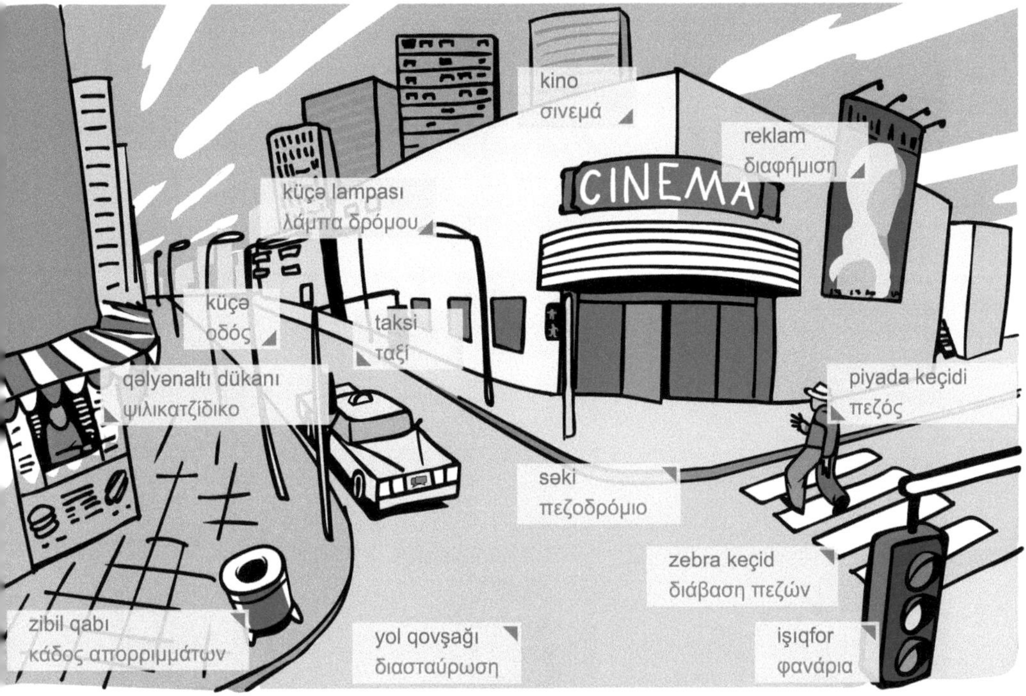

kino
σινεμά
CINEMA
reklam
διαφήμιση
küçə lampası
λάμπα δρόμου
küçə
οδός
taksi
ταξί
qəlyənaltı dükanı
ψιλικατζίδικο
piyada keçidi
πεζός
səki
πεζοδρόμιο
zebra keçid
διάβαση πεζών
zibil qabı
κάδος απορριμμάτων
yol qovşağı
διασταύρωση
işıqfor
φανάρια

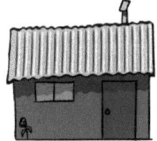

daxma

καλύβα

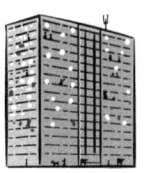

mənzil

διαμέρισμα

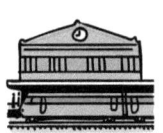

dəmir yolu stansiyası

σιδηροδρομικός σταθμός

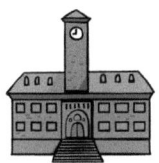

bələdiyyə binası

δημαρχείο

MUSEUM

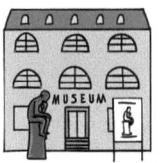

muzey

μουσείο

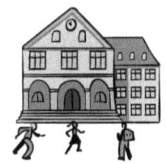

məktəb

σχολείο

universitet

πανεπιστήμιο

bank

τράπεζα

xəstəxana

νοσοκομείο

mehmanxana

ξενοδοχείο

aptek

φαρμακείο

ofis

γραφείο

kitab dükkanı

βιβλιοπωλείο

dükan

κατάστημα

çiçək dükanı

ανθοπωλείο

supermarket

σούπερ μάρκετ

bazar

αγορά

univermaq

πολυκατάστημα

balıq satıcısı

ιχθυοπωλείο

ticarət mərkəzi

εμπορικό κέντρο

liman

λιμάνι

park

πάρκο

oturacaq

παγκάκι

körpü

γέφυρα

pilləkən

σκάλες

metro

μετρό

tunel

τούνελ

avtobus dayanacağı

στάση λεωφορείου

bar

μπαρ

restoran

εστιατόριο

poçt qutusu

γραμματοκιβώτιο

küçə nişanı

πινακίδα δρόμου

parkinq sayğacı

παρκόμετρο

zoopark

ζωολογικός κήπος

üzgüçülük hovuzu

πισίνα

məscid

τζαμί

ferma

αγρόκτημα

ətraf mühitin çirklənməsi

ρύπανση

məzarlıq

νεκροταφείο

kilsə

εκκλησία

oyun meydançası

παιδική χαρά

məbəd

ναός

mənzərə
τοπίο

yarpaq
φύλλο

yol nişanı
πινακίδα κατεύθυνσης

yol
δρόμος

çəmən
λιβάδι

daş
πέτρα

piyada səyyah
πεζοπόρος

ağac
δέντρο

çay
ποτάμι

ot
χορτάρι

gül
λουλούδι

vadi

κοιλάδα

təpə

λόφος

göl

λίμνη

meşə

δάσος

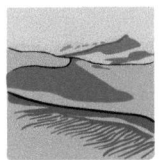

səhra

έρημος

vulkan

ηφαίστειο

qəsr

κάστρο

göy qurşağı

ουράνιο τόξο

göbələk

μανιτάρι

palma

φοίνικας

ağcaqanad

κουνούπι

milçək

μύγα

qarışqa

μυρμήγκι

arı

μέλισσα

hörümçək

αράχνη

böcək
σκαθάρι

qurbağa
βάτραχος

dələ
σκίουρος

kirpi
σκαντζόχοιρος

dovşan
λαγός

bayquş
κουκουβάγια

quş
πουλί

qu quşu
κύκνος

qaban
αγριογούρουνο

maral
ελάφι

sığın
άλκη

su bəndi
φράγμα

külək turbini
ανεμογεννήτρια

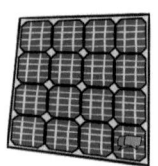

günəş batareyası
ηλιακός συλλέκτης

iqlim
κλίμα

restoran
εστιατόριο

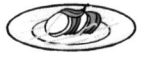

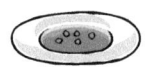

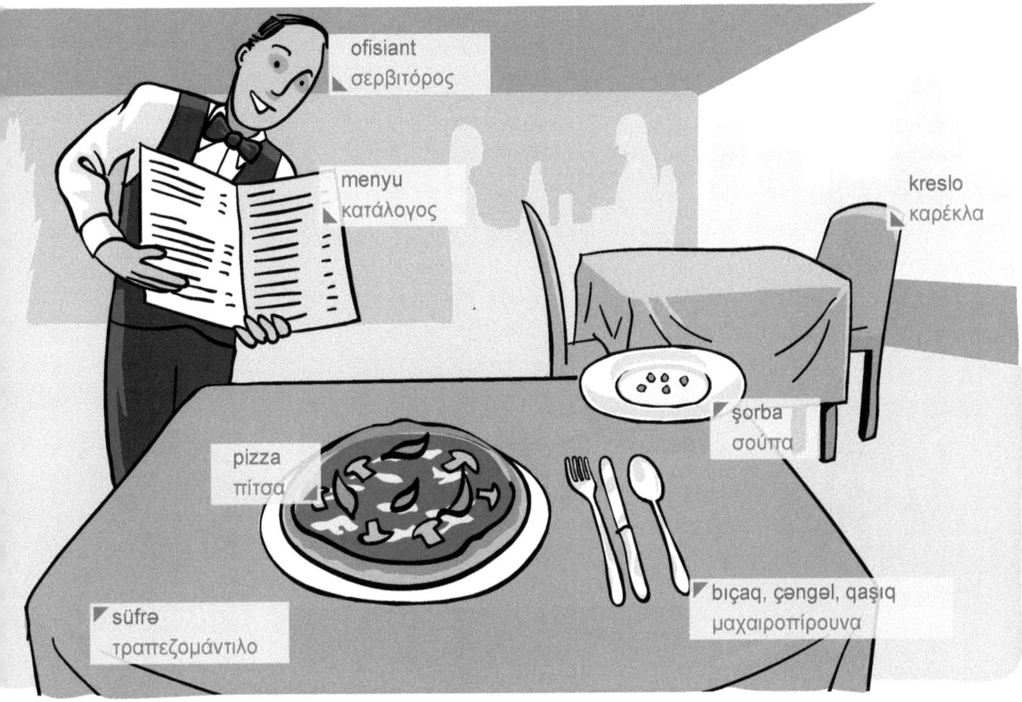
ofisiant
σερβιτόρος
menyu
κατάλογος
kreslo
καρέκλα
şorba
σούπα
pizza
πίτσα
bıçaq, çəngəl, qaşıq
μαχαιροπίρουνα
süfrə
τραπεζομάντιλο

məzə

ορεκτικό

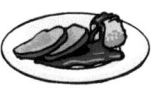

əsas yemək

κύριο πιάτο

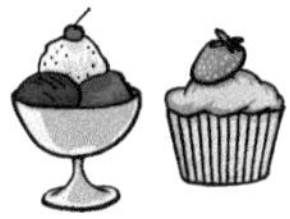

desert

επιδόρπιο

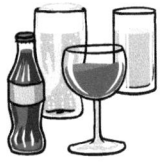

içkilər

ποτά

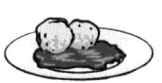

yemək

φαγητό

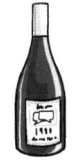

şüşə

μπουκάλι

fast food

φαστ φουντ

küçə yeməkləri

φαγητό στ' όρθιο

çaynik

τσαγιέρα

qəndqabı

δοχείο ζάχαρης

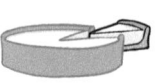

pay

μερίδα

espresso maşını

μηχανή εσπρέσο

hündür uşaq kreslosu

ψηλή καρέκλα

faktura

λογαριασμός

nimçə

δίσκος

bıçaq

μαχαίρι

çəngəl

πιρούνι

qaşıq

κουτάλι

çay qaşığı

κουταλάκι του τσαγιού

salfet

πετσέτα φαγητού

şüşə

ποτήρι

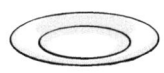

boşqab

πιάτο

şorba boşqabı

πιάτο σούπας

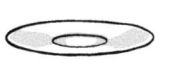

nəlbəki

πιατάκι φλιτζανιού

sous

σάλτσα

duz qabı

αλατιέρα

bibərüyüdən

μύλος για πιπέρι

sirkə

ξύδι

duru yağ

λάδι

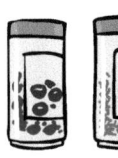

ədviyyat

μπαχαρικά

ketçup

κέτσαπ

xardal

μουστάρδα

mayonez

μαγιονέζα

supermarket
σούπερ μάρκετ

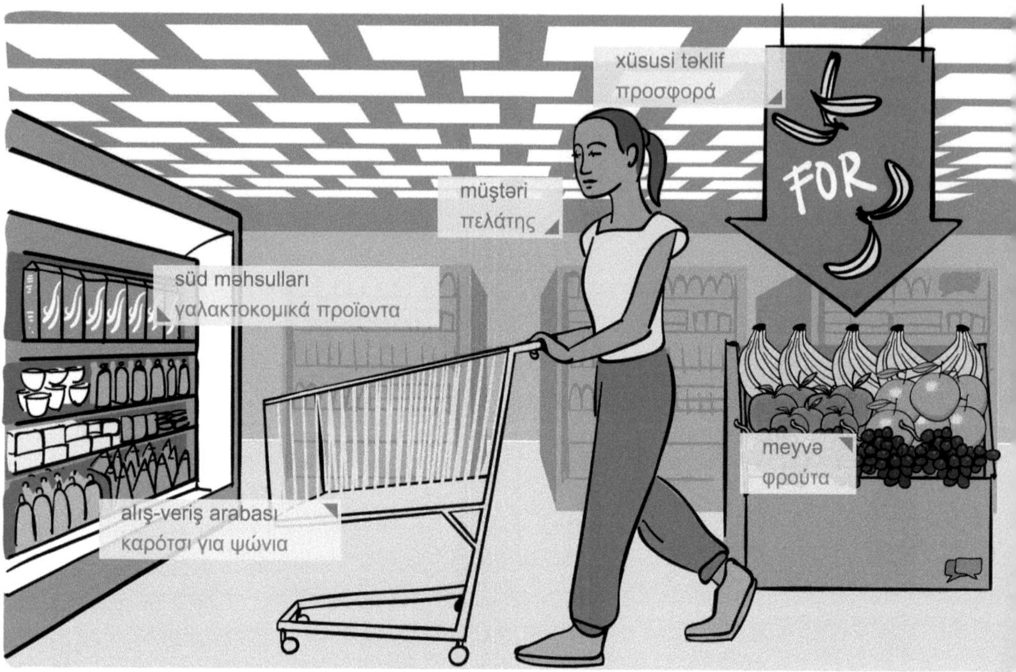

xüsusi təklif
προσφορά
FOR
müştəri
πελάτης
süd məhsulları
γαλακτοκομικά προϊόντα
meyvə
φρούτα
alış-veriş arabası
καρότσι για ψώνια

BUTCHERS

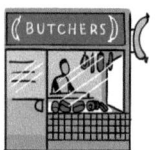

qəssab dükanı
....
κρεοπωλείο

BAKERY

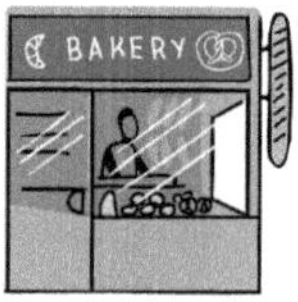

çörəkçi
....
φούρνος

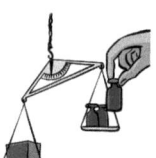

çəkmək
....
ζυγίζω

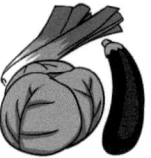

tərəvəz
....
λαχανικά

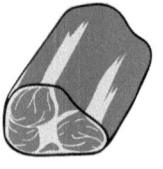

ət
....
κρέας

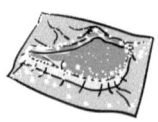

dondurulmuş qida
....
κατεψυγμένα τρόφιμα

soyuq ət yeməyi

αλλαντικά

konservləşdirilmiş qida

κονσερβοποιημένη τροφή

yuyucu toz

απορρυπαντικό ρούχων

şirniyyat

γλυκά

təsərrüfat malları

οικιακά είδη

yuyucu vasitələr

καθαριστικά προϊόντα

satıcı

πωλήτρια

kassa

ταμείο

kassir

ταμίας

alış-veriş siyahısı

λίστα για ψώνια

iş saatları

ωράριο λειτουργίας

pul kisəsi

πορτοφόλι

kredit kartı

πιστωτική κάρτα

torba

τσάντα

plastik torba

πλαστική σακούλα

su

νερό

şirə

χυμός

süd

γάλα

cola

κόκα κόλα

şərab

κρασί

pivə

μπίρα

alkoqollu içkilər

αλκοόλ

kakao

κακάο

çay

τσάι

qəhvə

καφές

espresso

εσπρέσο

kapuçino

καπουτσίνο

banan

μπανάνα

alma

μήλο

portağal

πορτοκάλι

yemiş

πεπόνι

limon

λεμόνι

yerkökü

καρότο

sarımsaq

σκόρδο

bambuq

μπαμπού

soğan

κρεμμύδι

göbələk

μανιτάρι

qoz-fındıq

ξηροί καρποί

əriştə

νούντλς

spagetti

μακαρόνια

düyü

ρύζι

salat

σαλάτα

cips

πατατάκια

qızardılmış kartof

τηγανητές πατάτες

pizza

πίτσα

hamburger

χάμπουργκερ

sandviç

σάντουιτς

eskalop

κοτολέτα

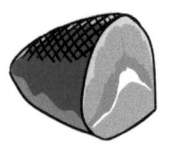

hisə verilmiş donuz əti

ζαμπόν

salyami

σαλάμι

kolbasa

λουκάνικο

toyuq

κοτόπουλο

qızardılmış ət tikəsi

ψητό

balıq

ψάρι

yulaf yarması

χυλός βρώμης

müsli

μούσλι

partlaq qarğıdalı

κορν φλέικς

un

αλεύρι

kruassan

κρουασάν

bulka

ψωμάκι

çörək

ψωμί

tost

τοστ

peçenye

μπισκότα

kərə yağı

βούτυρο

kəsmik

τυρόπηγμα

tort

κέικ

yumurta

αυγό

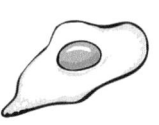

qayğanaq

τηγανητό αυγό

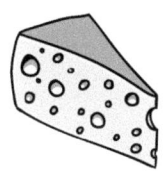

pendir

τυρί

yemək - φαγητό

dondurma

παγωτό

şəkər

ζάχαρη

bal

μέλι

mürəbbə

μαρμελάδα

şokolad pastası

άλλειμμα σοκολάτας

köri

κάρυ

ferma
αγρόκτημα

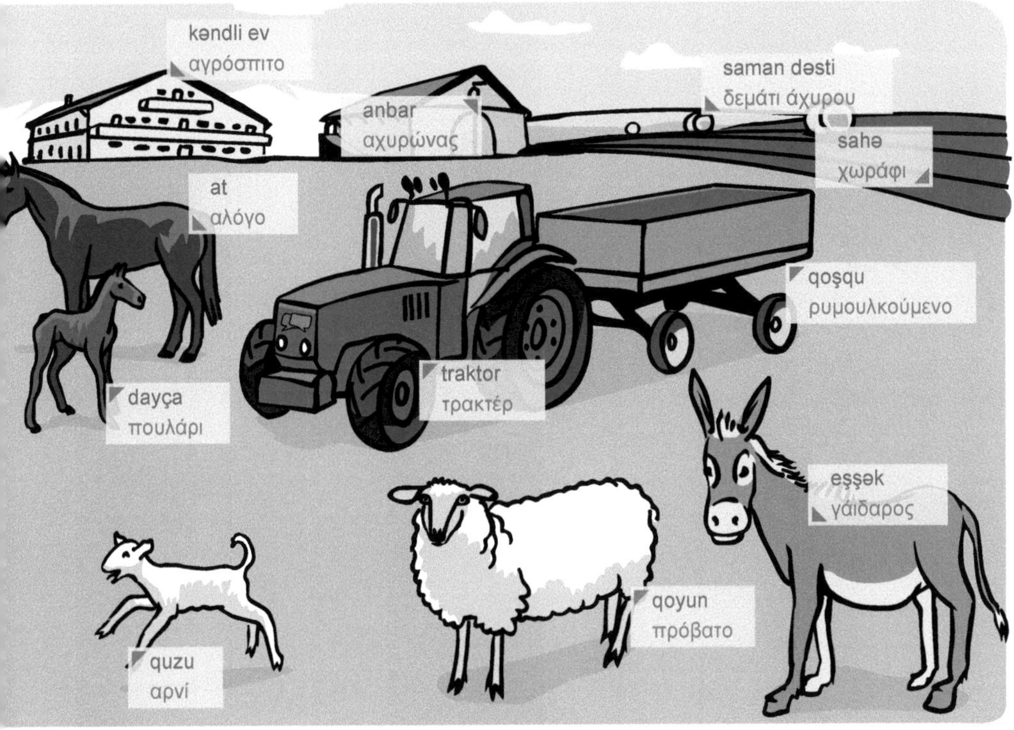
kəndli ev
αγρόσπιτο
anbar
αχυρώνας
saman dəsti
δεμάτι άχυρου
sahə
χωράφι
at
αλόγο
qoşqu
ρυμουλκούμενο
traktor
τρακτέρ
dayça
πουλάρι
eşşək
γάιδαρος
qoyun
πρόβατο
quzu
αρνί

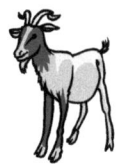

keçi
κατσίκα

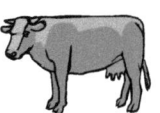

inək
αγελάδα

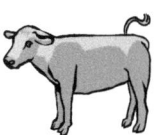

dana
μοσχαράκι

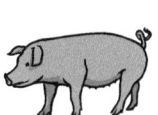

donuz
γουρούνι

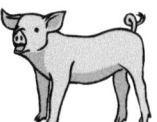

donuz balası
γουρουνάκι

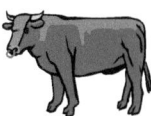

öküz
ταύρος

qaz

χήνα

ördək

πάπια

cücə

κοτοπουλάκι

toyuq

κότα

xoruz

κόκορας

siçovul

αρουραίος

pişik

γάτα

siçan

ποντίκι

öküz

βόδι

it

σκύλος

itdamı

σπιτάκι σκύλου

bağ şlanqı

λάστιχο κήπου

susəpən

ποτιστήρι

dəryaz

θεριστήρι

kotan

αλέτρι

oraq
δρεπάνι

kətman
τσάπα

yaba
δίκρανο

balta
τσεκούρι

əl arabası
χειράμαξα

çalov
ταΐστρα

süd bidonu
δοχείο γάλακτος

çuval
σάκος

çəpər
φράχτης

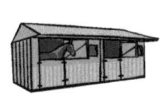

tövlə
στάβλος

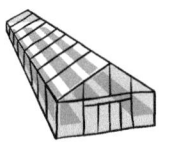

istixana
θερμοκήπιο

torpaq
έδαφος

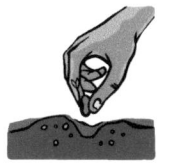

toxum
σπόρος

gübrə
λίπασμα

taxılbiçən kombayn
θεριζοαλωνιστική μηχανή

məhsul yığmaq

θερίζω

məhsul yığımı

συγκομιδή

yam

γιαμς

buğda

σιτάρι

soya

σόγια

kartof

πατάτα

dən

καλαμπόκι

raps

κράμβη

meyvə ağacı

οπωροφόρο δέντρο

maniok

μανιόκα

yarma

δημητριακά

ev

σπίτι

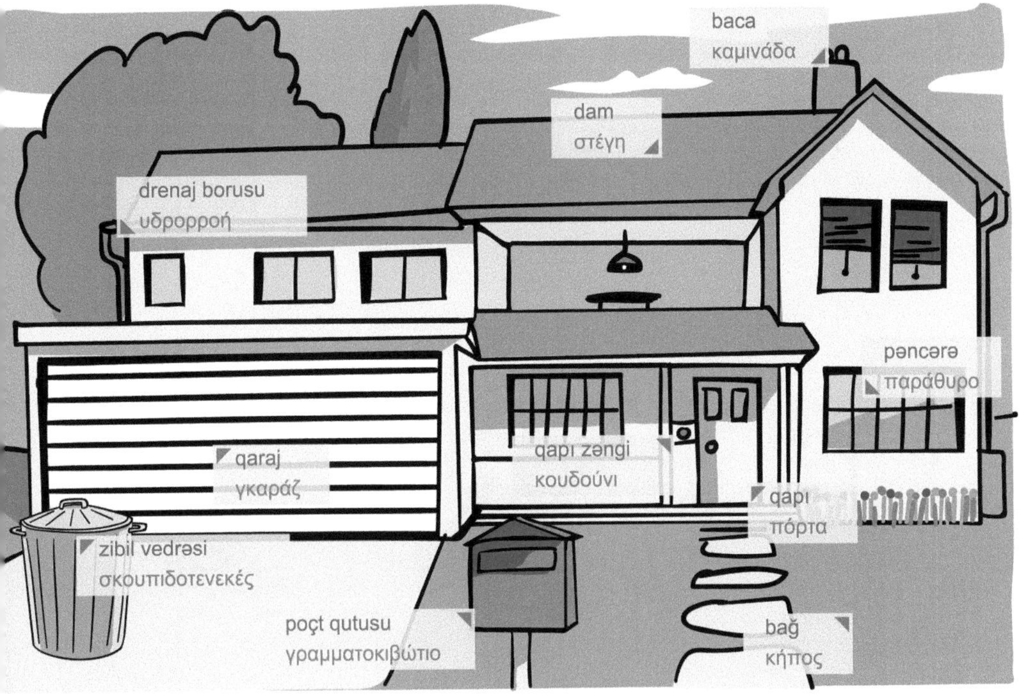

baca
καμινάδα
dam
στέγη
drenaj borusu
υδρορροή
pəncərə
παράθυρο
qaraj
γκαράζ
qapı zəngi
κουδούνι
qapı
πόρτα
zibil vedrəsi
σκουπιδοτενεκές
poçt qutusu
γραμματοκιβώτιο
bağ
κήπος

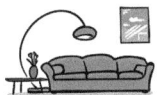

qonaq otağı

σαλόνι

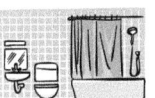

hamam otağı

μπάνιο

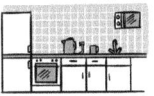

mətbəx

κουζίνα

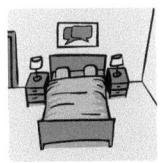

yataq otağı

υπνοδωμάτιο

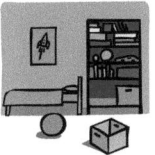

uşaq otaqı

παιδικό δωμάτιο

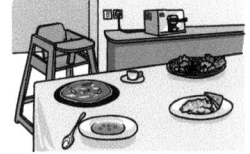

yemək otağı

τραπεζαρία

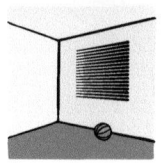

döşəmə
πάτωμα

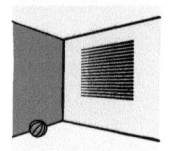

divar
τοίχος

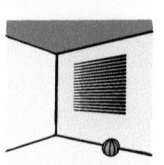

tavan
οροφή

zirzəmi
κελάρι

sauna
σάουνα

balkon
μπαλκόνι

terras
βεράντα

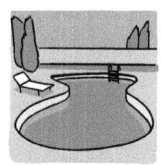

üzgüçülük hovuzu
πισίνα

otbiçən maşın
μηχανή του γκαζόν

mələfə
σεντόνι

yataq örtüyü
κάλυμμα κρεβατιού

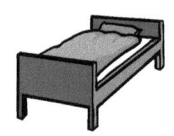

yataq
κρεβάτι

süpürgə
σκούπα

vedrə
κουβάς

elektrik açarı
διακόπτης

qonaq otağı
σαλόνι

divar kağızı
ταπετσαρία
şəkil
φωτογραφία
lampa
λάμπα
rəf
ράφι
şkaf
ντουλάπι
televiziya
τηλεόραση
buxarı
τζάκι
gül
λουλούδι
yastıq
μαξιλάρι
divan
καναπές
vaza
βάζο
uzaqdan idarəetmə
τηλεκοντρόλ

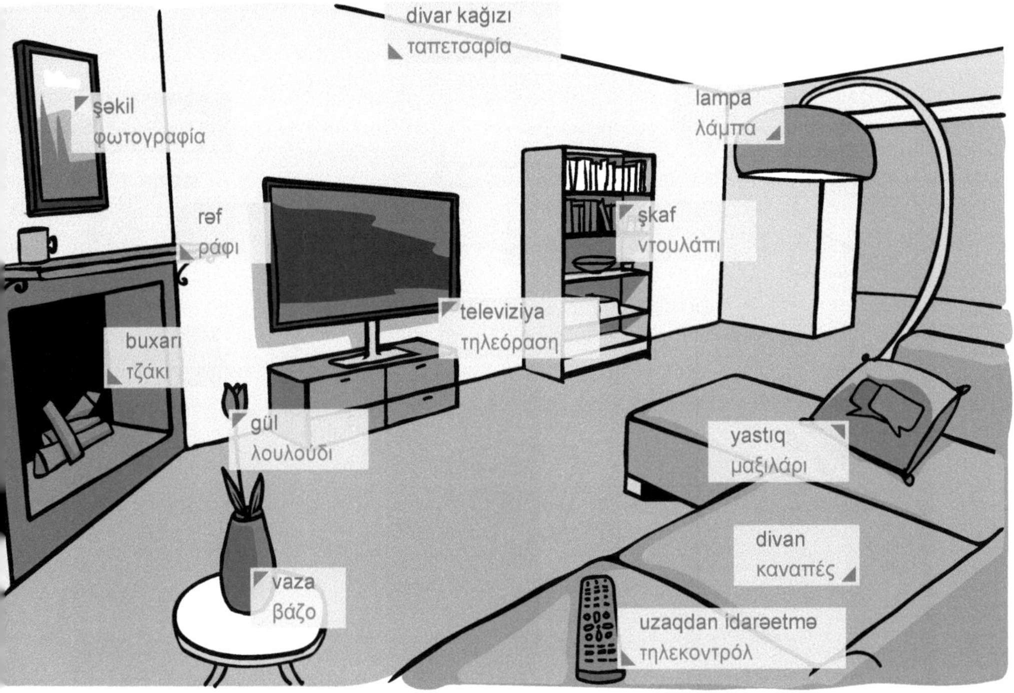

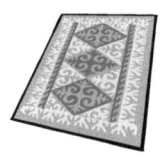

xalça

χαλί

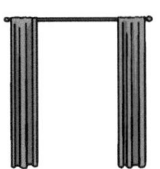

pərdə

κουρτίνα

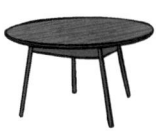

masa

τραπέζι

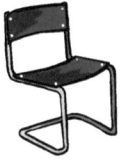

kreslo

καρέκλα

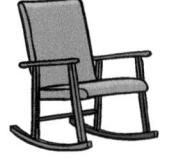

yırğalanan stul

κουνιστή πολυθρόνα

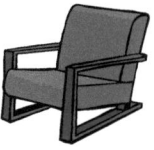

kreslo

πολυθρόνα

kitab
βιβλίο

yorğan
κουβέρτα

bəzək
διακόσμηση

odun
καυσόξυλα

film
ταινία

stereo səs sistemi
στερεοφωνικό σύστημα

açar
κλειδί

qəzet
εφημερίδα

rəsm əsəri
πίνακας ζωγραφικής

plakat
αφίσα

radio
ραδιόφωνο

bloknot
σημειωματάριο

tozsoran
ηλεκτρική σκούπα

kaktus
κάκτος

şam
κερί

mətbəx
κουζίνα

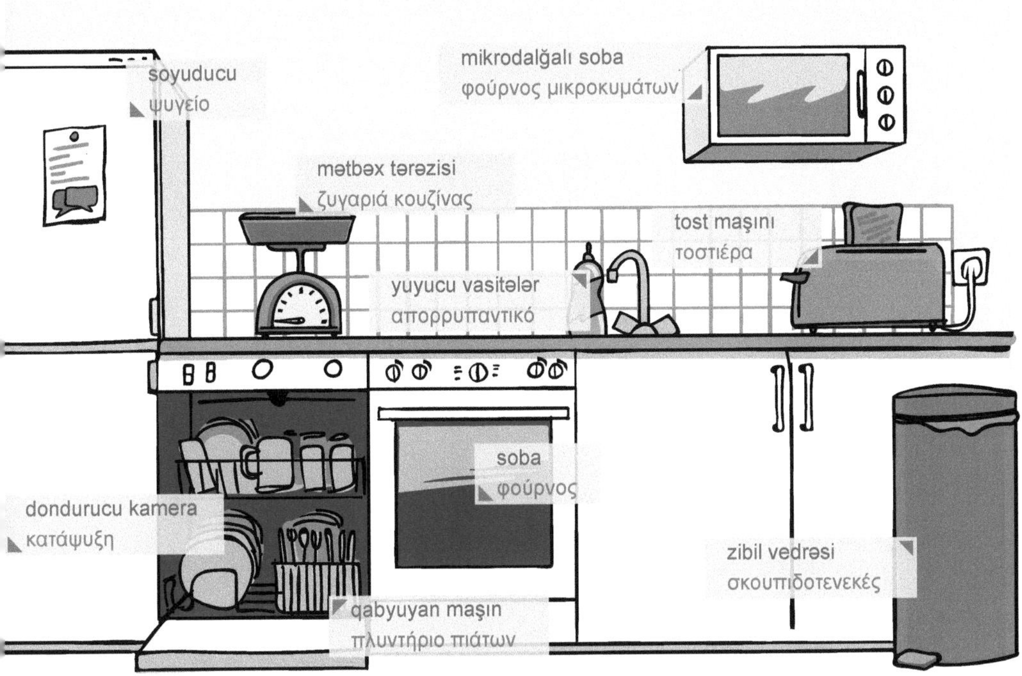

soyuducu
ψυγείο
mikrodalğalı soba
φούρνος μικροκυμάτων
mətbəx tərəzisi
ζυγαριά κουζίνας
tost maşını
τοστιέρα
yuyucu vasitələr
απορρυπαντικό
soba
φούρνος
dondurucu kamera
κατάψυξη
zibil vedrəsi
σκουπιδοτενεκές
qabyuyan maşın
πλυντήριο πιάτων

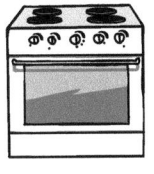

soba
κουζίνα

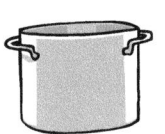

qazan
κατσαρόλα

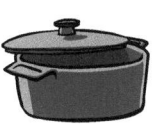

çuqun qazan
μαντεμένια κατσαρόλα

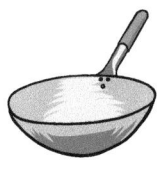

vok / kadai
γουόκ/καντάι

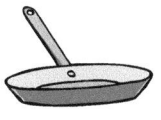

tava
τηγάνι

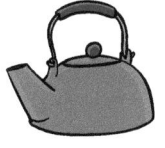

çaydan
βραστήρας

buxar qazanı
ατμομάγειρας

sac
ταψί

qab
πιατικά

fincan
κούπα

ləyən
μπολ

yemək üçün çubuqlar
ξυλάκια

çömçə
κουτάλα

spatula
σπάτουλα

çırpıcı
ανακατεύω

süzgəc
σουρωτήρι

ələk
σουρωτηράκι

sürtgəc
τρίφτης

həvəngdəstə
γουδί

barbekyu
ψησταριά

ocaq
ανοιχτή φωτιά

doğrama taxtası

σανίδα κοπής

oxlov

πλάστης

probkaçıxaran

ανοιχτήρι φελλών

banka

κονσέρβα

bankaağzıaçan

ανοιχτήρι κονσέρβας

qabtutan

γάντι φούρνου

əl üz yuyan

νεροχύτης

fırça

βούρτσα

süngər

σφουγγάρι

blender

μπλέντερ

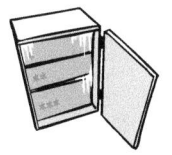

dondurucu

καταψύκτης

körpə şüşəsi

μπιμπερό

kran

βρύση

hamam otağı

μπάνιο

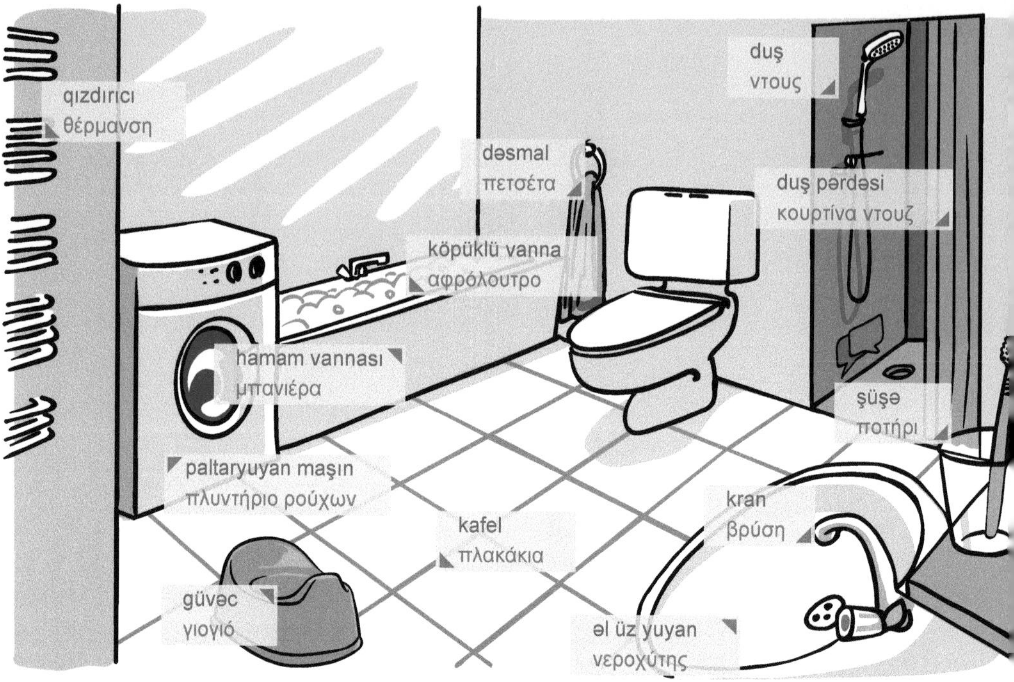
qızdırıcı
θέρμανση
dəsmal
πετσέτα
duş
ντους
duş pərdəsi
κουρτίνα ντουζ
köpüklü vanna
αφρόλουτρο
hamam vannası
μπανιέρα
şüşə
ποτήρι
paltaryuyan maşın
πλυντήριο ρούχων
kafel
πλακάκια
kran
βρύση
güvəc
γιογιό
əl üz yuyan
νεροχύτης

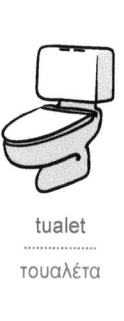

tualet

τουαλέτα

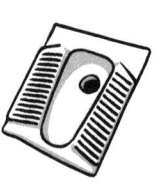

çömbəlmə tualet

τούρκικη τουαλέτα

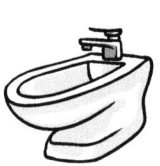

bide

μπιντές

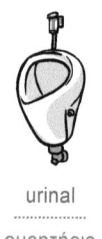

urinal

ουρητήριο

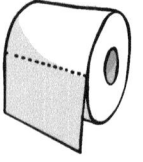

tualet kağızı

χαρτί υγείας

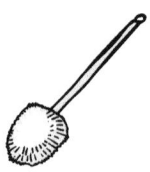

tualet fırçası

πιγκάλ

diş fırçası

οδοντόβουρτσα

diş pastası

οδοντόκρεμα

diş ipi

οδοντικό νήμα

yumaq

πλένω

əl duşu

τηλέφωνο ντους

intim duş

ντουσιέρα

taz

λεκάνη

bel fırçası

βούρτσα πλάτης

sabun

σαπούνι

duş üçün gel

αφρόλουτρο

şampun

σαμπουάν

əsgi

φανέλα

drenaj

σιφόνι

krem

κρέμα

dezodorant

αποσμητικό

güzgü

καθρέφτης

əl güzgüsü

καθρέφτης χειρός

ülgüc

ξυραφάκι

üz qırxmaq üçün köpük

αφρός ξυρίσματος

təraşdan sonra su

αφτερσέιβ

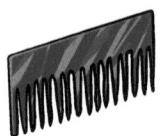

daraq

χτένα

fırça

βούρτσα

fen

σεσουάρ

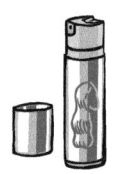

saç spreyi

λακ

makiyaj

μακιγιάζ

dodaq boyası

κραγιόν

dırnaq lakı

βερνίκι νυχιών

pambıq

βαμβάκι

dırnaq qayçısı

ψαλίδι νυχιών

ətir

άρωμα

gigiyenik torba

νεσεσέρ

kətil

σκαμπό

tərəzi

ζυγαριά

hamam xalatı

μπουρνούζι

rezin əlcək

ελαστικά γάντια

tampon

ταμπόν

gigiyenik salfet

πετσέτα υγιεινής

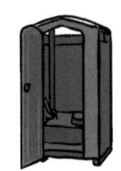

kimyəvi tualet

χημική τουαλέτα

uşaq otaqı

παιδικό δωμάτιο

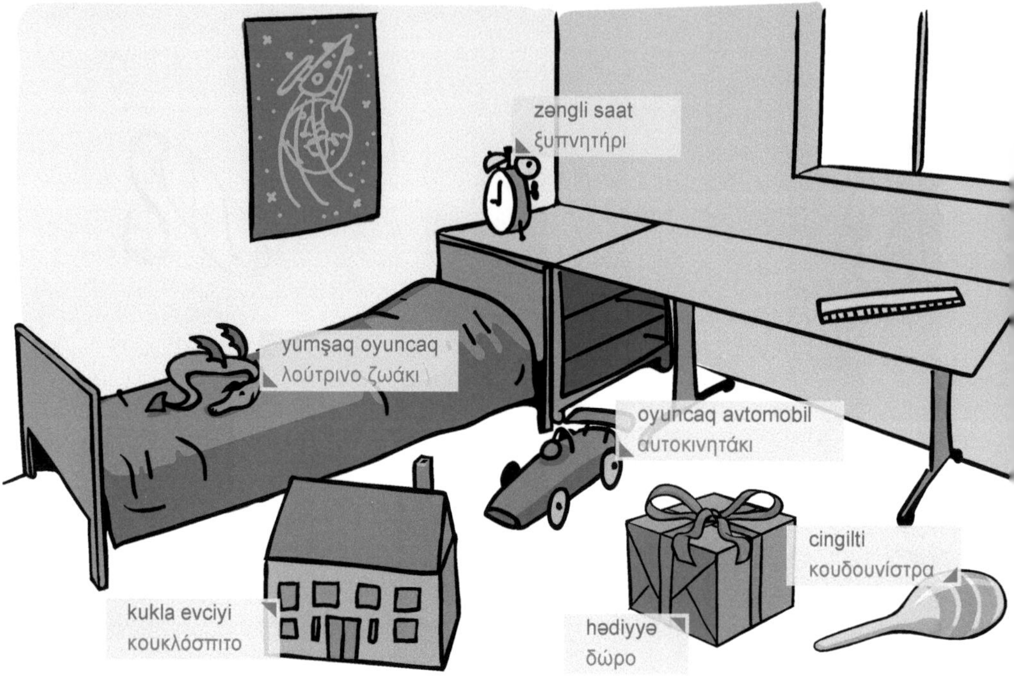
zəngli saat
ξυπνητήρι
yumşaq oyuncaq
λούτρινο ζωάκι
oyuncaq avtomobil
αυτοκινητάκι
cingilti
κουδουνίστρα
kukla evciyi
κουκλόσπιτο
hədiyyə
δώρο

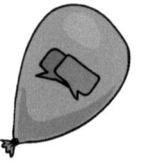

balon

μπαλόνι

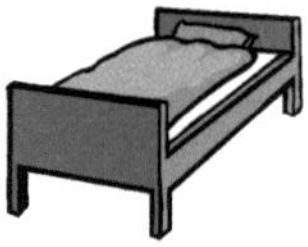

yataq

κρεβάτι

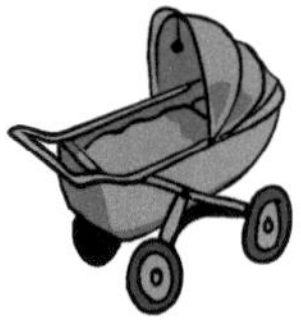

uşaq arabası

καροτσάκι

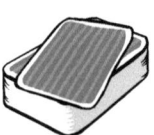

kart dəsti

τράπουλα

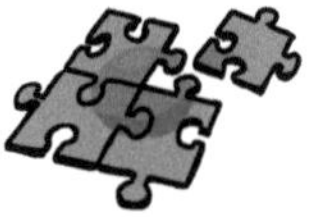

elektrik mişarı

παζλ

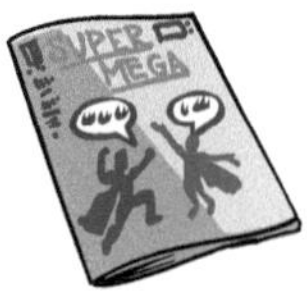
SUPER
MEGA

komik

κόμικς

leqo kərpici

τουβλάκια lego

konstruktor blokları

τουβλάκια κατασκευών

oyuncaq-personaj

φιγούρα δράσης

yeni doğulmuş körpələr üçün geyimi

βρεφικό φορμάκι

frisbi

φρίσμπι

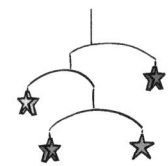

yataq üstünə asılan körpə oyuncağı

μόμπιλο

masaüstü oyun

επιτραπέζιο παιχνίδι

zər

ζάρια

oyuncaq qatar

σετ τρενάκι

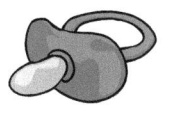

emzik

πιπίλα

qonaqlıq

πάρτι

rəsmli kitab

εικονογραφημένο βιβλίο

top

μπάλα

kukla

κούκλα

oynamaq

παίζω

qum qutusu

σκάμμα με άμμο

yellǝncǝk

κούνια

oyuncaqlar

παιχνίδια

video oyun konsolu

κονσόλα βιντεοπαιχνιδιών

üç tǝkǝrli velosiped

τρίκυκλο

plüşdǝn hazırlanmış
oyuncaq ayı

αρκουδάκι

şkaf

ντουλάπα

geyim

ρούχα

corab

κάλτσες

corab

καλτσοδέτες

kalqotka

καλσόν

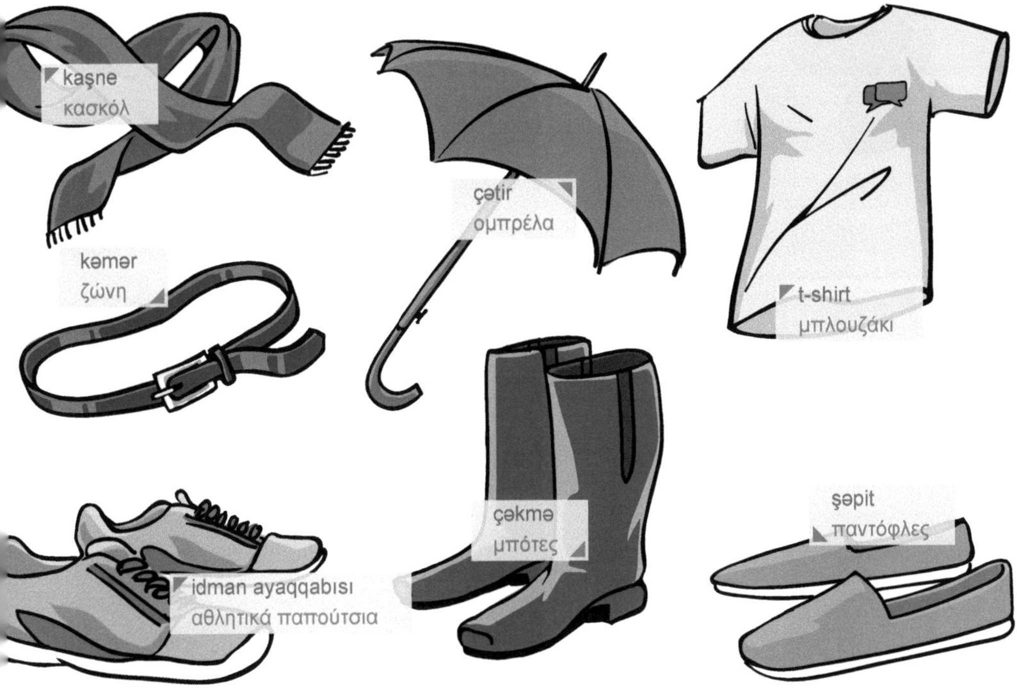

kaşne
κασκόλ

çətir
ομπρέλα

t-shirt
μπλουζάκι

kəmər
ζώνη

çəkmə
μπότες

şəpit
παντόφλες

idman ayaqqabısı
αθλητικά παπούτσια

sandallar
σανδάλια

ayaqqabı
παπούτσια

rezin çəkmələr
γαλότσες

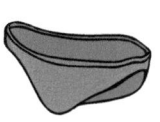

dizlik
εσώρουχο

lifçik
σουτιέν

alt köynəyi
φανέλα

alt paltarı
σώμα

şalvar
παντελόνι

cins
τζιν παντελόνι

yubka
φούστα

bluza
μπλούζα

köynək
πουκάμισο

sviter
πουλόβερ

başlıqlı idman gödəkçəsi
πουλόβερ

gödəkçə
σακάκι

gödəkcə
μπουφάν

pencək
παλτό

plaş
αδιάβροχο πανωφόρι

kostyum
κοστούμι

paltar
φόρεμα

gəlin paltarı
νυφικό

kostyum
κοστούμι

gecə köynəyi
νυχτικό

pijama
πιτζάμες

sari
σάρι

hicab / eşarp
μαντήλι

çalma
τουρμπάνι

burka
μπούρκα

kaftan
καφτάνι

abaya
μουσουλμανικό ένδυμα

çimərlik geyimi
ολόσωμο μαγιό

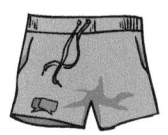

tumuş
ανδρικό μαγιό

şort
σορτς

məşq kostyumu
αθλητική φόρμα

önlük
ποδιά

əlcək
γάντια

düymə

κουμπί

eynək

γυαλιά

bilərzik

βραχιόλι

boyunbağı

περιδέραιο

üzük

δαχτυλίδι

sırğa

σκουλαρίκι

papaq

καπέλο

asılqan

κρεμάστρα

papaq

καπέλο

qalstuk

γραβάτα

zəncirbənd

φερμουάρ

dəbilqə

κράνος

aşırma

τιράντες

məktəb uniforması

μαθητική στολή

uniforma

στολή

geyim - ρούχα

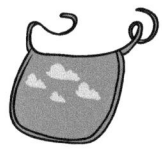

döşlük

σαλιάρα

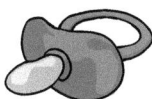

emzik

πιπίλα

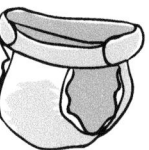

körpə bezi

πάνα

ofis

γραφείο

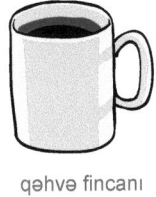

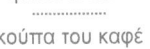

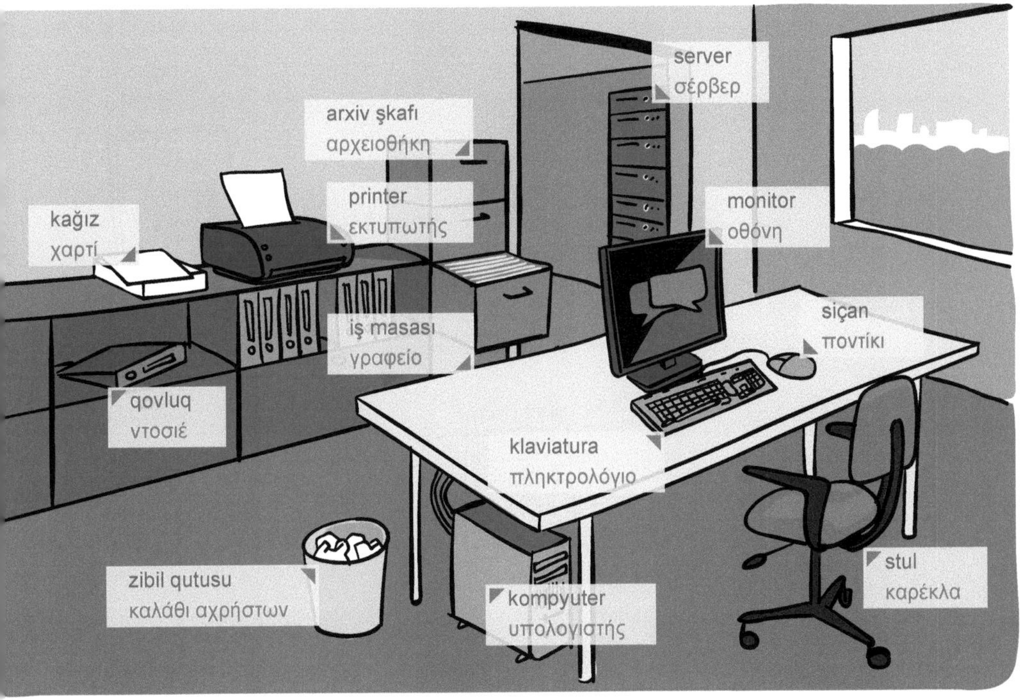

server
σέρβερ
arxiv şkafı
αρχειοθήκη
printer
εκτυπωτής
kağız
χαρτί
monitor
οθόνη
siçan
ποντίκι
iş masası
γραφείο
qovluq
ντοσιέ
klaviatura
πληκτρολόγιο
zibil qutusu
καλάθι αχρήστων
kompyuter
υπολογιστής
stul
καρέκλα

qəhvə fincanı

κούπα του καφέ

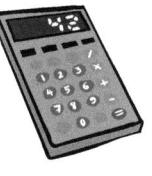

kalkulyator

κομπιουτεράκι

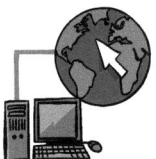

internet

ίντερνετ

laptop

λάπτοπ

məktub

γράμμα

mesaj

μήνυμα

mobil telefon

κινητό

şəbəkə

δίκτυο

surətçıxaran maşın

φωτοτυπικό μηχάνημα

proqram təminatı

λογισμικό

telefon

τηλέφωνο

ştepsel

πρίζα

faks

συσκευή φαξ

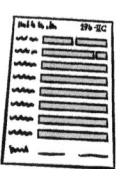

forma

έντυπο

sənəd

έγγραφο

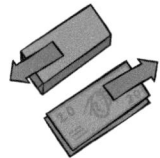

satın almaq

αγοράζω

ödəmək

πληρώνω

alverlə məşğul olmaq

συναλλάσσομαι

pul

χρήματα

USD

dollar

δολάριο

EUR

avro

ευρώ

JPY

yen

γιεν

RUB

rubl

ρούβλι

CHF

frank

ελβετικό φράγκο

CNY

renminbi yuan

ρενμίνμπι γιουάν

INR

rupi

ρουπία

bankomat

ATM (αυτόματη ταμειακή
μηχανή)

valyuta mübadiləsi
məntəqəsi
ανταλλακτήρια
συναλλάγματος

qızıl
χρυσός

gümüş
ασήμι

neft
πετρέλαιο

enerji
ενέργεια

qiymət
τιμή

müqavilə
συμβόλαιο

vergi
φόρος

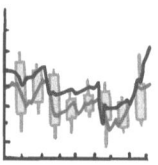

səhm
μετοχή

işləmək
δουλεύω

işçi
υπάλληλος

işəgötürən
εργοδότης

fabrik
εργοστάσιο

dükan
κατάστημα

iqtisadiyyat - οικονομία

peşə
επαγγέλματα

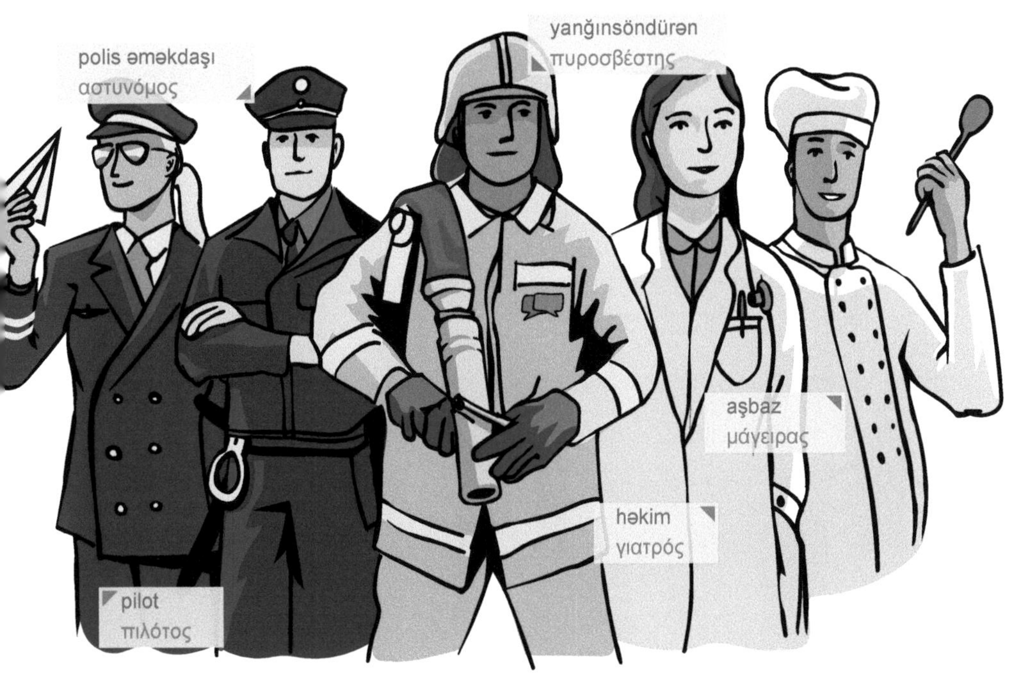

polis əməkdaşı
αστυνόμος
yanğınsöndürən
πυροσβέστης
aşbaz
μάγειρας
həkim
γιατρός
pilot
πιλότος

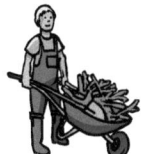

bağban

κηπουρός

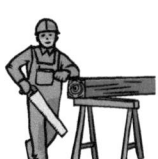

dülgər

ξυλουργός

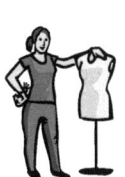

dərzi

μοδίστρα

hakim

δικαστής

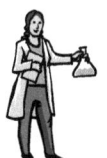

kimyaçı

χημικός

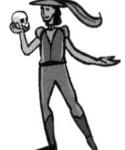

aktyor

ηθοποιός

avtobus sürücüsü

οδηγός λεωφορείου

taksi sürücüsü

ταξιτζής

balıqçı

ψαράς

xadimə

καθαρίστρια

dam işçisi

τεχνίτης στεγών

ofisiant

σερβιτόρος

ovçu

κυνηγός

rəssam

ζωγράφος

çörəkçi

αρτοποιός

elektrik ustası

ηλεκτρολόγος

inşaat işçisi

οικοδόμος

mühəndis

μηχανολόγος

qəssab

κρεοπώλης

santexnik

υδραυλικός

poçtalyon

ταχυδρόμος

əsgər

στρατιώτης

memar

αρχιτέκτονας

kassir

ταμίας

gül-çiçək satıcısı

ανθοπώλης

bərbər

κομμωτής

konduktor

ελεγκτής εισιτηρίων

mexanik

μηχανικός

kapitan

καπετάνιος

diş həkimi

οδοντίατρος

alim

επιστήμονας

ravvin

ραβίνος

imam

ιμάμης

rahib

μοναχός

keşiş

ιερέας

alətlər
εργαλεία

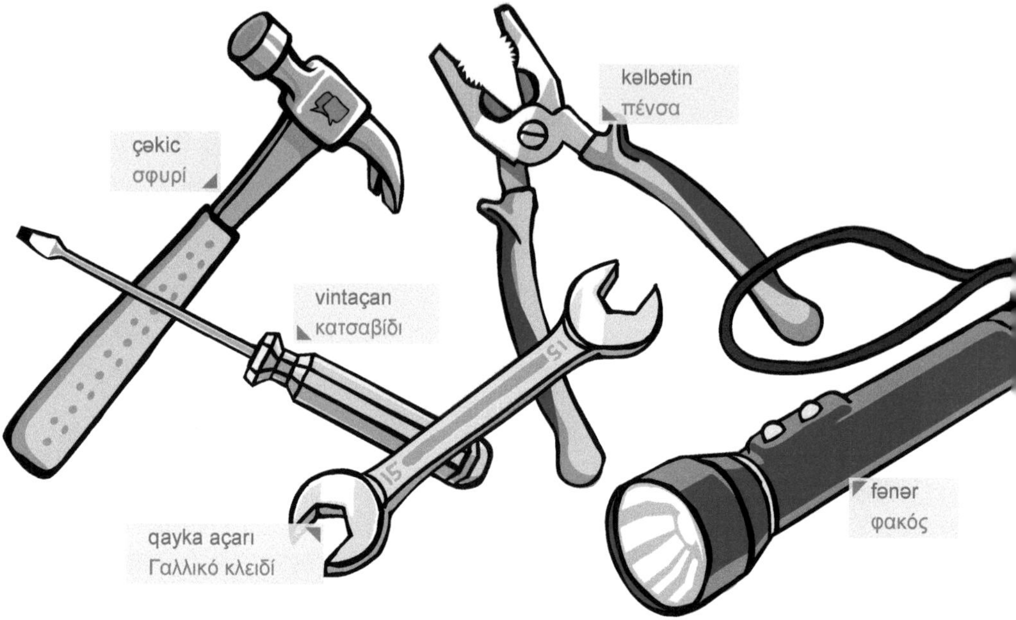
çəkic
σφυρί
kəlbətin
πένσα
vintaçan
κατσαβίδι
qayka açarı
Γαλλικό κλειδί
fənər
φακός

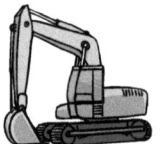

ekskavator

εκσκαφέας

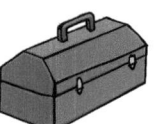

alətlər qutusu

εργαλειοθήκη

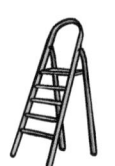

nərdivan

σκάλα

mişar

πριόνι

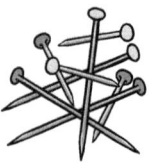

dırnaqlar

καρφιά

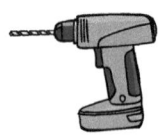

drel

τρυπάνι

təmir etmək
επισκευάζω

kürək
φτυάρι

Lənət olsun!
Να πάρει!

xəkəndaz
φαράσι

boya vedrəsi
δοχείο χρωμάτων

vintlər
βίδες

musiqi alətləri
μουσικά όργανα

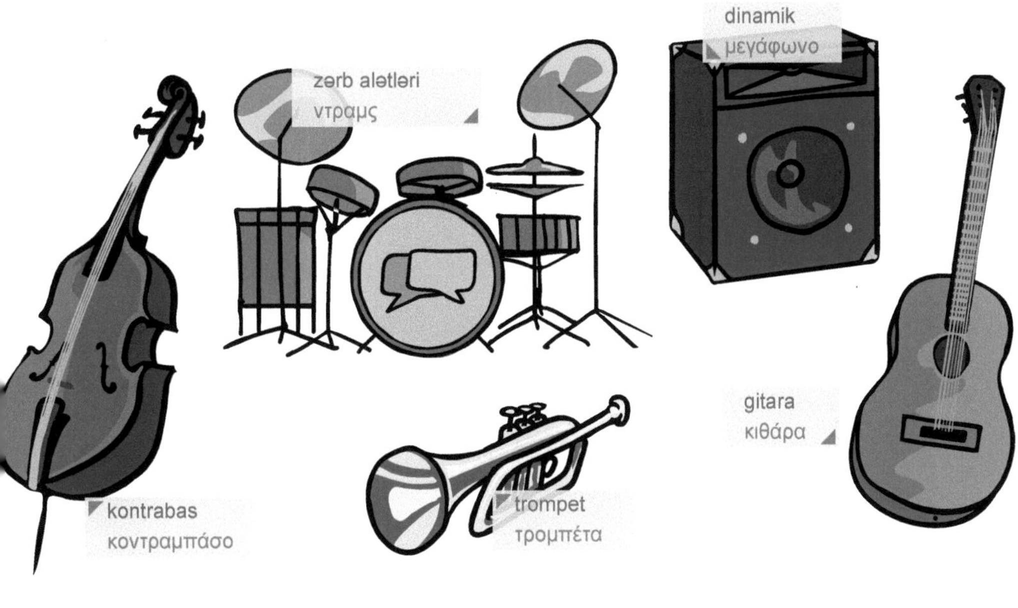

zərb alətləri
ντραμς

dinamik
μεγάφωνο

gitara
κιθάρα

kontrabas
κοντραμπάσο

trompet
τρομπέτα

fortepiano

πιάνο

skripka

βιολί

bas

μπάσο

timpani

τύμπανα

nağara

τύμπανο

sintezator

πλήκτρα

saksafon

σαξόφωνο

fleyta

φλάουτο

mikrofon

μικρόφωνο

zoopark
ζωολογικός κήπος

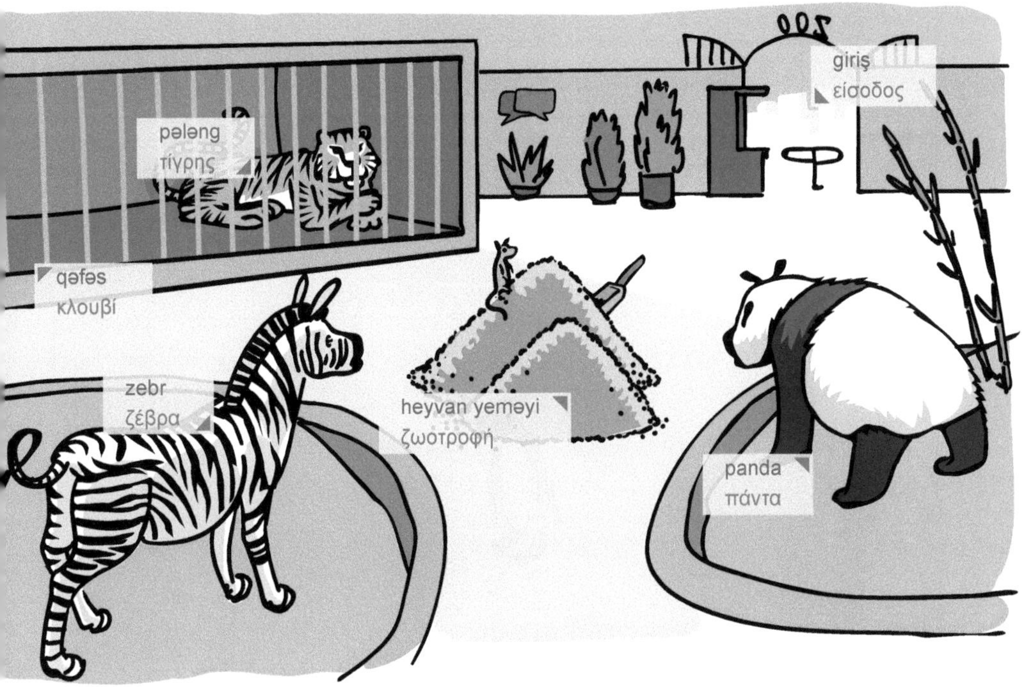
pələng
τίγρης
giriş
είσοδος
qəfəs
κλουβί
zebr
ζέβρα
heyvan yeməyi
ζωοτροφή
panda
πάντα

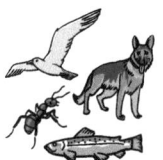

heyvanlar

ζώα

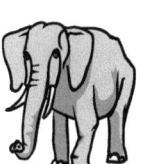

fil

ελέφαντας

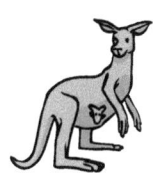

kenquru

καγκουρό

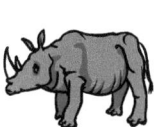

kərgədan

ρινόκερος

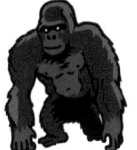

qorilla

γορίλας

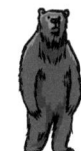

ayı

αρκούδα

dəvə

καμήλα

dəvəquşu

στρουθοκάμηλος

aslan

λιοντάρι

meymun

πίθηκος

flamingo

φλαμίνγκο

tutuquşu

παπαγάλος

qütb ayısı

πολική αρκούδα

pinqvin

πιγκουίνος

köpəkbalığı

καρχαρίας

tovuz

παγώνι

ilan

φίδι

timsah

κροκόδειλος

zoopark işçisi

φύλακας ζωολογικού κήπου

suiti

φώκια

yaquar

τζάγκουαρ

zoopark - ζωολογικός κήπος

poni

πόνυ

bəbir

λεοπάρδαλη

hippopotam

ιπποπόταμος

zürafə

καμηλοπάρδαλη

qartal

αετός

qaban

αγριογούρουνο

balıq

ψάρι

tısbağa

χελώνα

morj

θαλάσσιος ίππος

tülkü

αλεπού

ceyran

γαζέλα

amerikan futbolu
Αμερικάνικο ποδόσφαιρο

velosiped sürmək
ποδηλασία

tennis
αντισφαίριση

basketbol
μπάσκετ

üzgüçülük
κολύμβηση

boks
πυγχαμία

buz xokkeyi
χόκεϋ επί πάγου

futbol

ποδόσφαιρο

badminton

μπάντμιντον

yüngül atletika

στίβος

həndbol

χάντμπολ

xizək

σκι

polo

πόλο

fəaliyyət

δραστηριότητες

gülmək
γελάω
tullanmaq
πηδάω
qucaqlaşmaq
αγκαλιάζω
getmək
περπατάω
oxumaq
τραγουδάω
yuxu qörmək
ονειρεύομαι
dua etmək
προσεύχομαι
öpüşmək
φιλάω

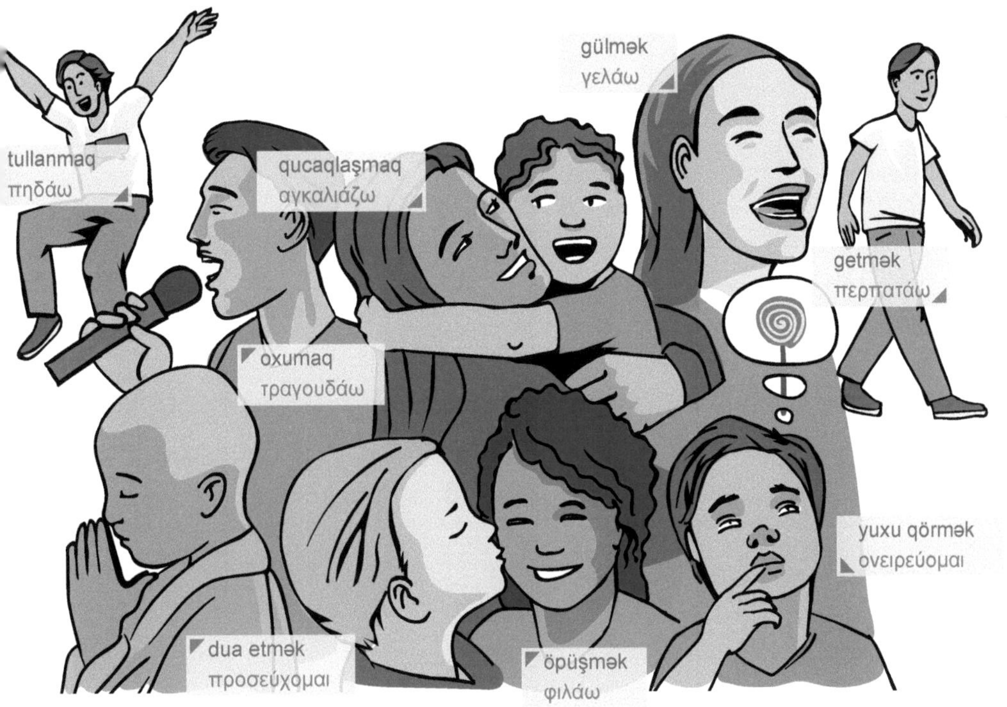

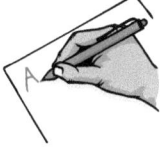

yazmaq

γράφω

çəkmək

σχεδιάζω

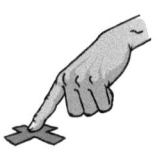

göstərmək

δείχνω

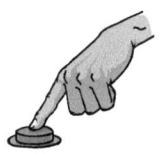

itələmək

πιέζω

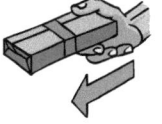

vermək

δίνω

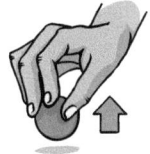

götürmək

παίρνω

sahibi olmaq

έχω

etmək

κάνω

olmaq

είμαι

durmaq

στέκομαι

qaçmaq

τρέχω

çəkmək

τραβάω

atmaq

ρίχνω

düşmək

πέφτω

uzanmaq

ξαπλώνω

gözləmək

περιμένω

daşımaq

κουβαλώ

oturmaq

κάθομαι

geyinmək

φοράω

yatmaq

κοιμάμαι

ayılmaq

ξυπνάω

baxmaq

κοιτάω

ağlamaq

κλαίω

sığallamaq

χαϊδεύω

daramaq

χτενίζω

danışmaq

μιλάω

anlamaq

καταλαβαίνω

soruşmaq

ρωτάω

dinləmək

ακούω

içmək

πίνω

yemək

τρώω

təmizləmək

συγυρίζω

sevmək

αγαπάω

bişirmək

μαγειρεύω

sürmək

οδηγώ

uçmaq

πετάω

üzmək

κάνω ιστιοπλοΐα

hesablamaq

υπολογίζω

oxumaq

διαβάζω

öyrənmək

μαθαίνω

işləmək

δουλεύω

evlənmək

παντρεύομαι

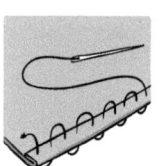

tikmək

ράβω

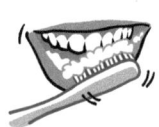

dişləri təmizləmək

βουρτσίζω τα δόντια

öldürmək

σκοτώνω

siqaret çəkmək

καπνίζω

göndərmək

στέλνω

fəaliyyət - δραστηριότητες

ailə
οικογένεια

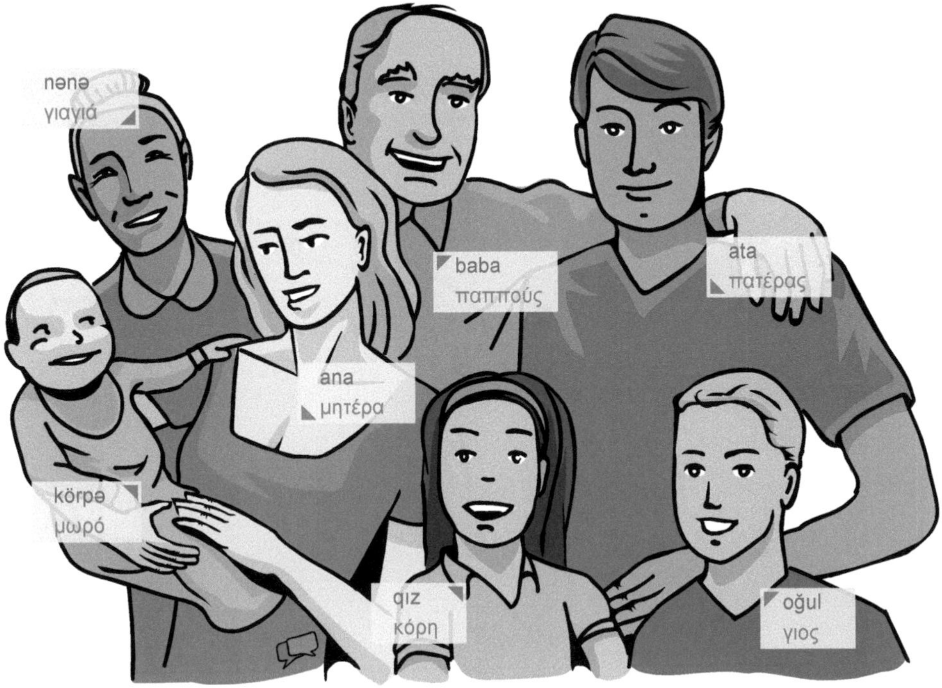
nənə
γιαγιά
baba
παππούς
ata
πατέρας
ana
μητέρα
körpə
μωρό
qız
κόρη
oğul
γιος

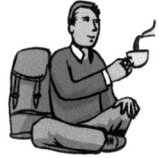

qonaq
καλεσμένος

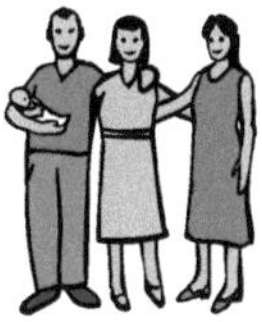
xala/bibi
θεία

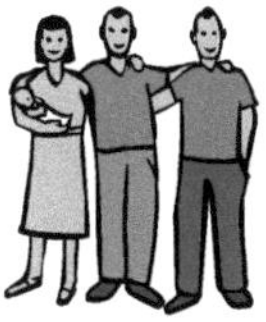
əmi/dayı
θείος

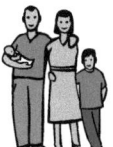

qardaş
αδελφός

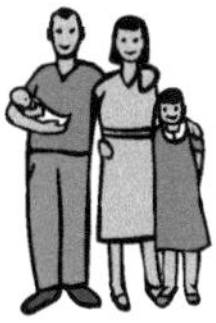
bacı
αδελφή

bədən

σώμα

alın
μέτωπο
göz
μάτι
çiyin
ώμος
barmaq
δάχτυλο
üz
πρόσωπο
buxaq
πιγούνι
əl
χέρι
ayaq
πόδι
döş
στήθος
qol
βραχίονας

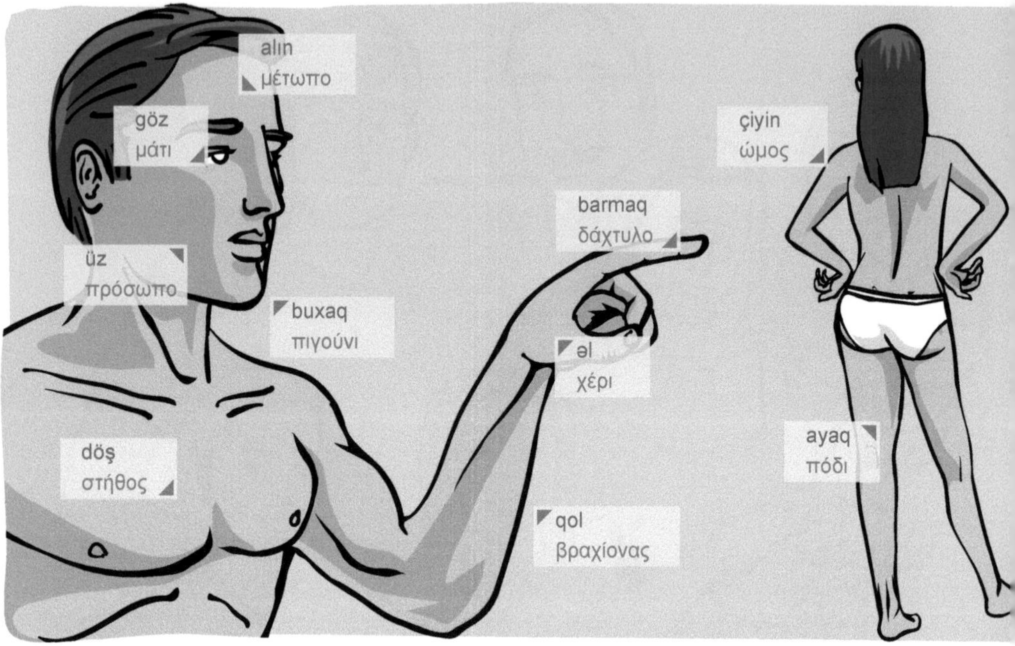

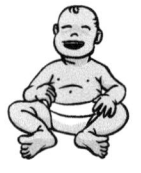

körpə

μωρό

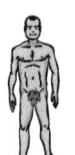

kişi

άνδρας

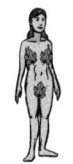

qadın

γυναίκα

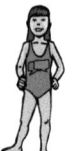

qız

κορίτσι

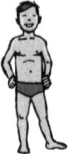

oğlan

αγόρι

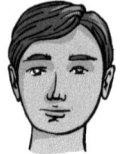

baş

κεφάλι

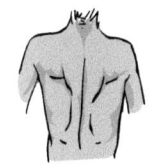

bel
πλάτη

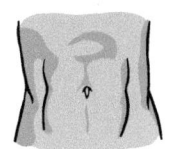

qarın
κοιλιά

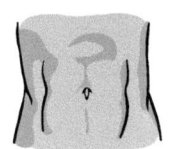

göbək
αφαλός

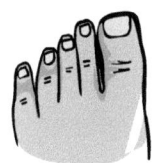

ayaq barmağı
δάχτυλο ποδιού

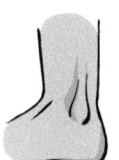

daban
φτέρνα

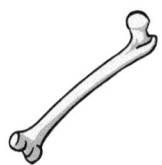

sümük
κόκκαλο

bud
γοφός

diz
γόνατο

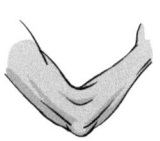

dirsək
αγκώνας

burun
μύτη

sağrı
γλουτός

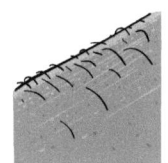

dəri
δέρμα

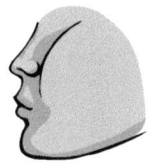

yanaq
μάγουλο

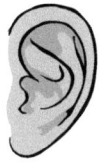

qulaq
αυτί

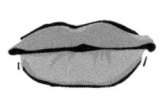

dodaq
χείλος

ağız

στόμα

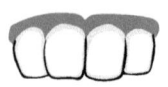

diş

δόντι

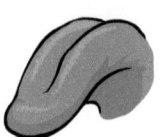

dil

γλώσσα

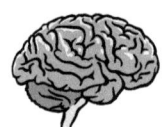

beyin

εγκέφαλος

ürək

καρδιά

əzələ

μυς

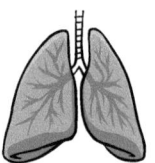

ağciyər

πνεύμονας

qaraciyər

συκώτι

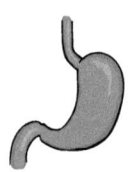

mədə

στομάχι

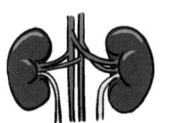

böyrəklər

νεφρά

cinsi yaxınlıq

σεξουαλική επαφή

kondom

προφυλακτικό

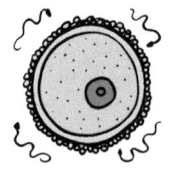

qadın cinsi hüceyrə

ωάριο

sperma

σπέρμα

hamiləlik

εγκυμοσύνη

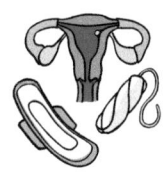

aybaşı

περίοδος

vagina

γυναικείος κόλπος

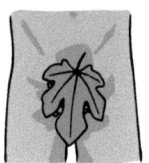

penis

πέος

qaş

φρύδι

saç

μαλλιά

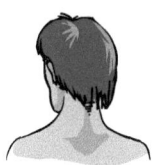

boyun

λαιμός

xəstəxana
νοσοκομείο

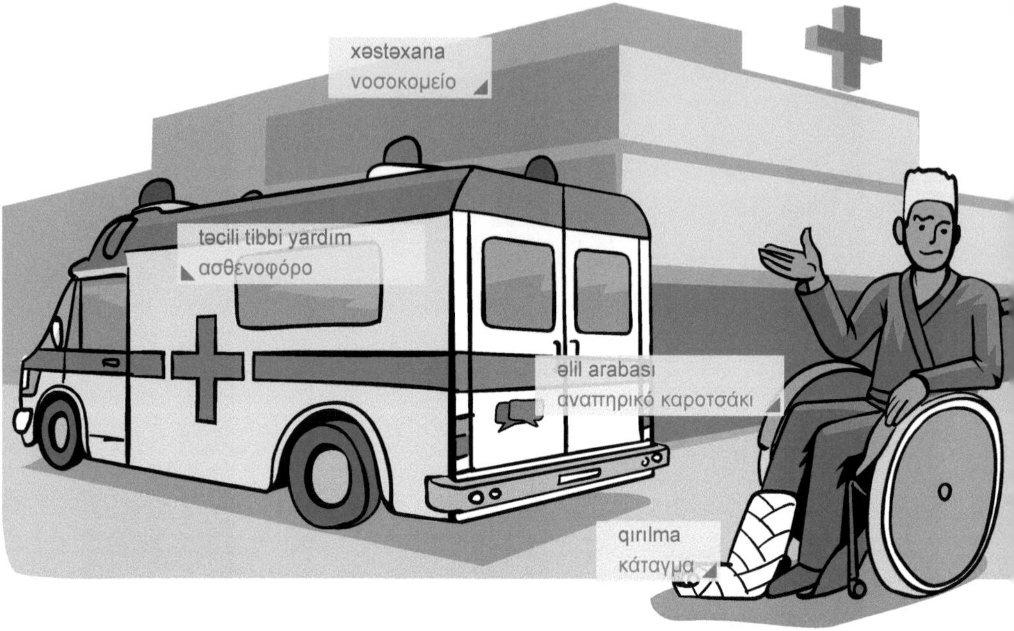

xəstəxana
νοσοκομείο
təcili tibbi yardım
ασθενοφόρο
əlil arabası
αναπηρικό καροτσάκι
qırılma
κάταγμα

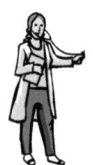

həkim

γιατρός

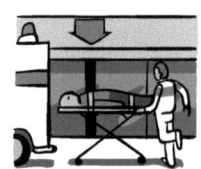

reanimasiya şöbəsi

μονάδα εντατικής θεραπείας

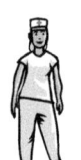

tibb bacısı

νοσοκόμα

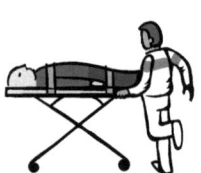

fövqəladə hallar

έκτακτη ανάγκη

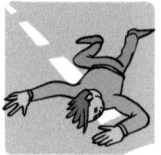

huşunu itirmiş

λιπόθυμος

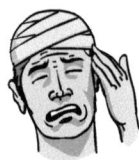

ağrı

πόνος

zədə

τραύμα

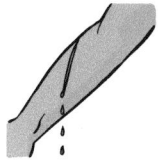

qanaxma

αιμορραγία

infarkt

έμφραγμα

insult

εγκεφαλικό

allergiya

αλλεργία

öskürək

βήχας

qızdırma

πυρετός

qrip

γρίππη

ishal

διάρροια

başağrısı

πονοκέφαλος

xərçəng

καρκίνος

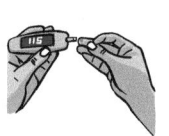

şəkərli diabet

διαβήτης

cərrah

χειρουργός

neştər

νυστέρι

əməliyyat

εγχείρηση

CT
αξονική τομογραφία

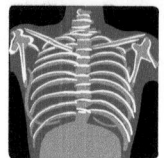

rentgen
ακτινογραφία

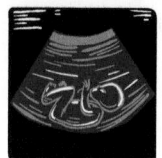

ultrasəs
υπέρηχος

maska
μάσκα

xəstəlik
ασθένεια

gözləmə otağı
αίθουσα αναμονής

qoltuqağacı
πατερίτσα

plaster
χάνσαπλαστ

sarğı
επίδεσμος

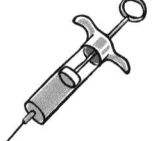

inyeksiya
ένεση

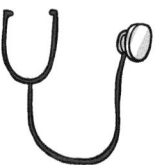

steteskop
στηθοσκόπιο

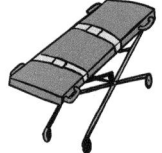

xərək
φορείο

hərarətölçən
θερμόμετρο

doğum
γέννηση

çəki artıqlığı
υπέρβαρο

eşitmə aparatı

ακουστικό βαρηκοΐας

dezinfeksiyaedici

αντισηπτικό

infeksiya

λοίμωξη

virus

ιός

QİÇS

HIV/AIDS

tibb

φάρμακο

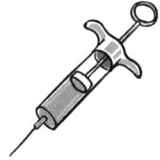

peyvənd

εμβολιασμός

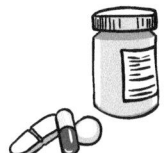

həblər

δισκία

həb

χάπι

təcili zəng

κλήση έκτακτης ανάγκης

qan təzyiqini ölçmək üçün cihaz

πιεσόμετρο αίματος

xəstə / sağlam

άρρωστος / υγιής

xəstəxana - νοσοκομείο

Kömək edin!
Βοήθεια!

həyəcan siqnalı
συναγερμός

basqın
βιαιοπραγία

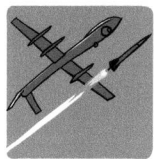

hücum
επίθεση

təhlükə
κίνδυνος

ehtiyat çıxışı
έξοδος κινδύνου

Yanğın!
Φωτιά!

odsöndürən
πυροσβεστήρας

qəza
ατύχημα

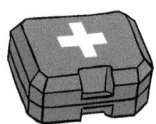

ilkin yardım qutus
κουτί πρώτων βοηθειών

SOS
SOS

polis
αστυνομία

Avropa

Ευρώπη

Şimali Amerika

Βόρεια Αμερική

Cənubi Amerika

Νότια Αμερική

Afrika

Αφρική

Asiya

Ασία

Avstraliya

Αυστραλία

Atlantik

Ατλαντικός Ωκεανός

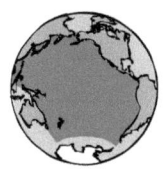

Sakit Okean

Ειρηνικός Ωκεανός

Hind okeanı

Ινδικός Ωκεανός

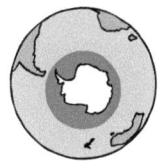

Antarktika Okeanı

Ανταρκτικός Ωκεανός

Şimal Buzlu okeanı

Αρκτικός Ωκεανός

Şimal qütbü

Βόρειος Πόλος

Cənub qütbü
Νότιος Πόλος

Antarktika
Ανταρκτική

Yer kürəsi
Γη

ölkə
γη

dəniz
θάλασσα

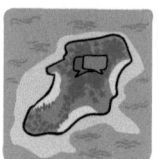

ada
νησί

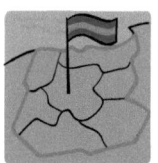

millət
έθνος

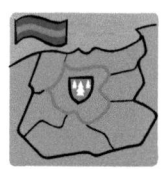

dövlət
πολιτεία

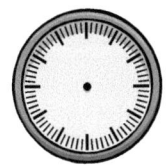

siferblat

καντράν ρολογιού

saat əqrəbi

ωροδείκτης

dəqiqə əqrəbi

λεπτοδείκτης

saniyə əqrəbi

δείκτης δευτερολέπτων

Saat neçədir?

Τι ώρα είναι;

gün

ημέρα

vaxt

χρόνος

indi

τώρα

rəqəmsal saat

ψηφιακό ρολόι

dəqiqə

λεπτό

saat

ώρα

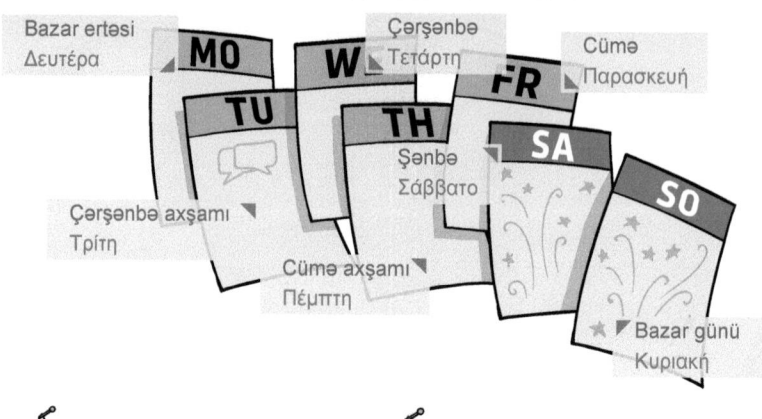

Bazar ertəsi
Δευτέρα

MO

W

Çərşənbə
Τετάρτη

FR

Cümə
Παρασκευή

TU

TH

Şənbə
Σάββατο

SA

SO

Çərşənbə axşamı
Τρίτη

Cümə axşamı
Πέμπτη

Bazar günü
Κυριακή

dünən
....
χθες

bugün
....
σήμερα

sabah
....
αύριο

səhər
....
πρωί

günorta
....
μεσημέρι

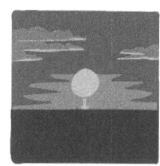

axşam
....
βράδυ

MO	TU	WE	TH	FR	SA	SU
1	2	3	4	5	6	7
8	9	10	11	12	13	14
15	16	17	18	19	20	21
22	23	24	25	26	27	28
29	30	31	1	3	3	4

iş günü
....
εργάσιμες ημέρες

MO	TU	WE	TH	FR	SA	SU
1	2	3	4	5	6	7
8	9	10	11	12	13	14
15	16	17	18	19	20	21
22	23	24	25	26	27	28
29	30	31	1	2	3	4

həftə sonu
....
Σαββατοκύριακο

il

έτος

yağış
βροχή
göy qurşağı
ουράνιο τόξο
külək
άνεμος
qar
χιόνι
yaz
άνοιξη
payız
φθινόπωρο
yay
καλοκαίρι
qış
χειμώνας

4.APRIL 11°
5.APRIL 4°
6.APRIL 13°
7.APRIL 8°
8.APRIL 10°

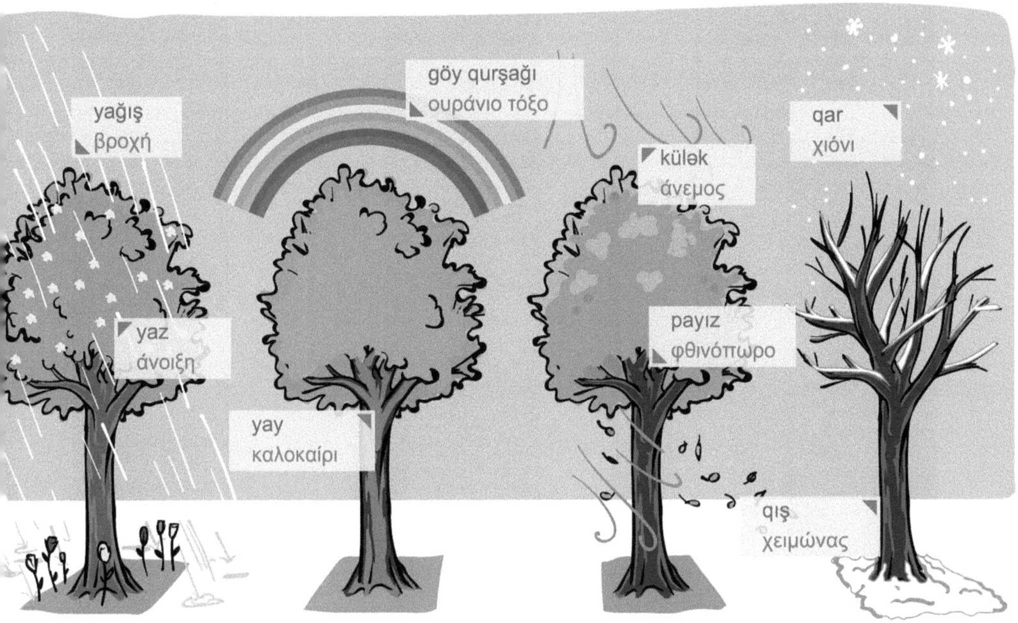

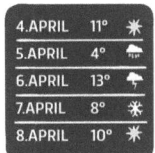

hava proqnozu

πρόγνωση καιρού

F C
120 40
90 30
60 20
30 10
0 0
-30 -10
-20

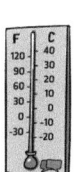

termometr

θερμόμετρο

günəş işığı

λιακάδα

bulud

σύννεφο

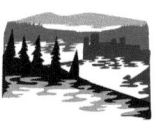

duman

ομίχλη

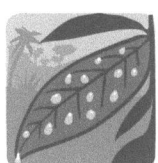

rütubət

υγρασία

ildırım

αστραπή

göy gurultusu

κεραυνός

fırtına

καταιγίδα

dolu

χαλάζι

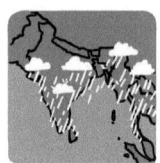

musson

μουσώνας

daşqın

πλημμύρα

buz

πάγος

yanvar

Ιανουάριος

fevral

Φεβρουάριος

mart

Μάρτιος

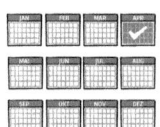

aprel

Απρίλιος

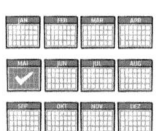

may

Μάιος

iyun

Ιούνιος

iyul

Ιούλιος

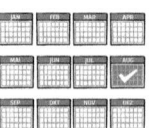

avqust

Αύγουστος

il - έτος

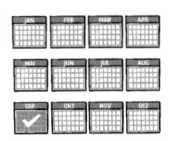

sentyabr
....
Σεπτέμβριος

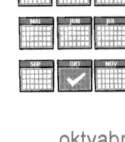

oktyabr
....
Οκτώβριος

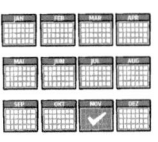

noyabr
....
Νοέμβριος

dekabr
....
Δεκέμβριος

formalar
σχήματα

dairə
....
κύκλος

kvadrat
....
τετράγωνο

düzbucaqlı
....
ορθογώνιο
παραλληλόγραμμο

üçbucaq
....
τρίγωνο

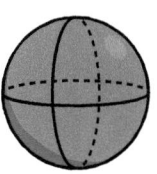

kürə
....
σφαίρα

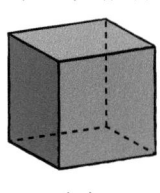

kub
....
κύβος

ağ
áσπρο

sarı
κίτρινο

narıncı
πορτοκαλί

çəhrayı
ροζ

qırmızı
κόκκινο

bənövşəyi
μωβ

mavi
μπλε

yaşıl
πράσινο

palıdı
καφέ

boz
γκρι

qara
μαύρο

çox / az

πολύ / λίγο

qeyzli / sakit

θυμωμένος / ήρεμος

yaraşıqlı / eybəcər

όμορφος / άσχημος

başlanğıc / son

αρχή / τέλος

böyük / kiçik

μεγάλος / μικρός

işıqlı / qaranlıq

φωτεινός / σκοτεινός

qardaş / bacı

αδελφός / αδελφή

təmiz / kirli

καθαρός / λερωμένος

tam / natamam

πλήρης / ατελής

gündüz / gecə

ημέρα / νύχτα

ölü / diri

νεκρός / ζωντανός

geniş / dar

φαρδύς / στενός

yemeli / yeyilməyən

βρώσιμος / μη βρώσιμος

hirsli / mehriban

κακός / ευγενικός

həyəcanlı / bezmiş

ενθουσιασμένος /
βαριεστημένος

kök / arıq

παχύς / λεπτός

ilk / son

πρώτος / τελευταίος

dost / düşmən

φίλος / εχθρός

dolu / boş

γεμάτος / άδειος

sərt / yumşaq

σκληρός / μαλακός

ağır / yüngül

βαρύς / ελαφρύς

aclıq / susuzluq

πείνα / δίψα

xəstə / sağlam

άρρωστος / υγιής

qanunsuz / qanuni

παράνομος / νόμιμος

ağıllı / axmaq

έξυπνος / χαζός

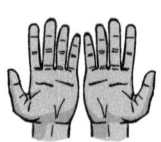

sol / sağ

αριστερός / δεξιός

yaxın / uzaq

κοντινός / μακρινός

əksinə - αντίθετα

yeni / istifadə edilmiş

καινούριος / μεταχειρισμένος

heç bir şey / bir şey

τίποτα / κάτι

qoca / gənc

γέρος | νέος

açma / bağlama

αναμμένος / σβηστός

açıq / bağlı

ανοιχτός / κλειστός

sakit/ bərk

χαμηλόφωνος / μεγαλόφωνος

varlı / kasıb

πλούσιος / φτωχός

düzgün / səhv

σωστός / λανθασμένος

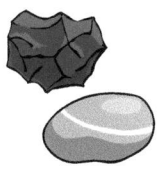

kobud / hamar

τραχύς / λείος

kədərli / xoşbəxt

λυπημένος / χαρούμενος

qısa / uzun

κοντός / μακρύς

yavaş / sürətli

αργός / γρήγορος

yaş / quru

υγρός / στεγνός

isti / sərin

ζεστός / δροσερός

müharibə / sülh

πόλεμος / ειρήνη

0	**1**	**2**
sıfır	bir	iki
μηδέν	ένα	δύο

3	**4**	**5**
üç	dörd	beş
τρία	τέσσερα	πέντε

6	**7**	**8**
altı	yeddi	səkkiz
έξι	εφτά	οκτώ

9	**10**	**11**
doqquz	on	on bir
εννιά	δέκα	έντεκα

12

on iki
δώδεκα

13

on üç
δεκατρία

14

on dörd
δεκατέσσερα

15

on beş
δεκαπέντε

16

on altı
δεκαέξι

17

on yeddi
δεκαεφτά

18

on səkkiz
δεκαοκτώ

19

on doqquz
δεκαεννέα

20

iyirmi
είκοσι

100

yüz
εκατό

1.000

min
χίλια

1.000.000

milyon
εκατομμύριο

ədədlər - αριθμοί

İngilis dili

Αγγλικά

İngilis dilinin amerikan
variantı

Αμερικάνικα Αγγλικά

Çin dilinin Mandarin dialekti

Μανδαρίνικα Κινέζικα

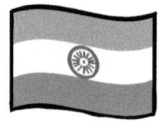

Hind dili

Χίντι

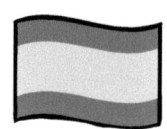

İspan dili

Ισπανικά

Fransız dili

Γαλλικά

Ərəb dili

Αραβικά

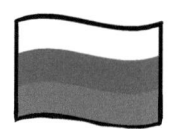

Rus dili

Ρώσικα

Portuqal dili

Πορτογαλικά

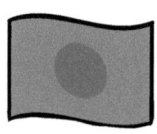

Benqal dili

Μπενγκάλι

Alman dili

Γερμανικά

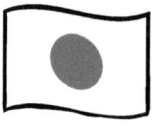

Yapon dili

Ιαπωνικά

mən

εγώ

sən

εσύ

o / o / o

αυτός / αυτή / αυτό

biz

εμείς

siz

εσείς

onlar

αυτοί / αυτές / αυτά

kim?

ποιος / ποια / ποιο;

nə?

τι;

necə?

πώς;

harada?

πού;

nə zaman?

πότε;

ad

όνομα

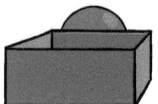

arxadan
....
πίσω

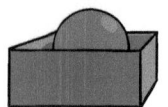

içində
....
μέσα

qarşısında
....
μπροστά

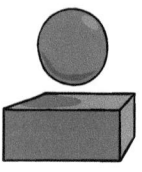

üzərində
....
πάνω από

dair
....
πάνω

altında
....
κάτω

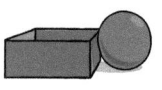

yanaşı
....
δίπλα

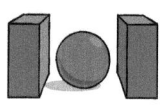

arasında
....
ανάμεσα

yer
....
μέρος